남북중 고속철도의 꿈

남북중 고속철도의 꿈

초판 1쇄   2021년 4월 29일

지은이: 진장원
펴낸이: 이태형
펴낸곳: 국민북스
편 집: 김태현
디자인: 서재형

등록번호: 제406~2015~000064호
등록일자: 2015년 4월 30일

주소: 경기도 파주시 와석순환로 307, 1106~601 우편번호 10892
전화: 031~943~0701
팩스: 031~942~0701
이메일: kirok21@naver.com
ISBN 979-11-88125-37-1 03300

남북중 고속철도의 꿈

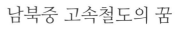

진장원 지음

국민북스

2018년 4·27 남북정상회담은 우리 국민들에게 많은 기대와 꿈을 주었습니다. 특히 두 정상께서 회담 중 남북고속철도에 관한 희망을 피력하여 광명시장 시절부터 "KTX광명역을 유라시아대륙철도의 출발역으로"라는 캐치프레이즈를 걸고 달려왔던 저도 큰 희망을 품었습니다. 하지만 애석하게도 베트남 하노이 북미정상회담 결렬 등 여러 대내외적인 변수로 인해 생각만큼 남북고속철도 추진에 진전을 보이지 못하고 있습니다. 참 답답했습니다.

그래서 저는 2020년 5월, 21대 국회의원이 된 후 남북고속철도 진전에 관한 내용으로 첫 국회 대정부 질의를 했고, 2021년 2월에는 민주당 내에 '남북고속철도 추진 특별위원회'를 만들어 20여 명의 국회의원과 짐 로저스 씨를 비롯한 10명의 민간위원과 함께 남북고속철도 건설을 추진하고 있습니다. 제가 알기로는 대한민국 70년 헌정사상 현역 국회의원이 국회의사당에서 남북고속철도를 공식의제로 대정부 질문을 한 것은 제가 처음이라고 생각합니다. 이토록 제가 남북고속철도를 중요하게 생각하고 있는 이유는 남북고속철도는 남북한의 공동번영뿐만 아니라 동아시아 나아가서 유라시아 대륙에 평화와 번영을 가져올 지렛대라고 믿기 때문입니다.

그런데 그런 내용이 이 책 『남북중 고속철도의 꿈』에 잘 쓰여져 있습니다. 개인적으로 저자와는 우리 한민족의 명운을 가를 남북중 국제고속철도의 건설과 운행을 위해 남은 평생 함께 하기로 다짐했습니다. 남북고속철도 나아가 국제고속철도 건설에 대한 저자의 끊임없는 연구와 열정, 헌신은 감동적입니다. 오랫동안 대학 연구실뿐 아니라 동북아 곳곳을 누비며 국제고속철도 건설을 위해 철저히 준비해온 모습이 눈에 선합니다.

본래 2018년부터 남북고속철도와 관련한 책을 공동 집필하기로 논의 중이었는데 우선 진 교수가 먼저 책을 내게 된 것을 축하드리며 저도 조속히 준비하여 후속의 의미 있는 책을 함께 내려 합니다.

부디 이 책을 통해 ETX(East Asian Train Express, 남북중 국제고속철도) 사업은 퍼주기 사업이 아니라 한민족의 통일을 준비하며 한반도의 평화를 가져오는 마중물이라는 것이 전 국민에게 홍보되기를 간절히 기원하며, 남북중 고속철도 사업이 가지고 있는 무한한 가능성과 구체적인 사업 과정을 잘 보여주고 있는 이 책을 미래를 준비하는 모든 이들에게 권합니다.

양기대 의원(민주당 광명을 국회의원)

남북고속철도 건설은 남북화해와 평화공존을 위한 마중물이라 생각합니다. UN의 대북제재 국면과 현재의 남북관계 상황 그리고 코로나19 유행에서 남북고속철도 건설은 결코 쉽게 이루어지지 않겠지만 우리는 그 방법을 찾아야 하고 항상 준비되어 있어야 합니다. 이에 2018년 저는 국내 유일의 교통 특성화 한국교통대학교 총장으로 취임해서 국립대로서의 사명과 책무를 다하기 위해 학교 내에 '유라시아교통연구소(ETI)'를 개설하고, 유라시아대륙 교통 인프라를 연결하기 위한 방안을 연구할 수 있도록 교수님들을 돕고 있습니다.

한편으로는 북한의 평양교통대학교와 MOU를 체결하여 교직원 및 학생교류를 통해 남북의 끊어진 철길을 잇는데 일조하고자 애를 써왔습니다만, 아시는 대로 북미 비핵화 협상이 더디 진행되며 생각만큼 진척이 되지 않아 안타까울 뿐입니다.

그러던 차에 진장원 유라시아교통연구소장이 『남북중 고속철도의 꿈』을 출간하게 된 것을 매우 기쁘게 생각합니다. 저는 저자와 오랜 시간 함께 하며 그가 바라는 남북고속철도 연결의 꿈을 잘 알고 있습니다. 이 책에서 주장하고 있는 대로 남북한의 당면한 문제들과 한반도를 둘러싼 국제 정세의 벽을 넘기 위해 남북의 통일은 선택 사항이 아니며 필수 사항이라고 생각합니다.

젊은 학생들을 육성하고 있는 대학의 책임자로서, 개인적으로는 자녀를 두고 있는 아버지로서 우리 다음 세대에게 어떤 조국을 물려줘야 할까 고민이 많이 되는 때입니다. 그런 측면에서 저자가 주장하는 것처럼 남북중 국제고속철도는 동아시아철도·경제·에너지공동체로 나아가는데 히든 익스프레스(Hidden Express)가 될 수 있다고 생각합니다. ETX를 통해 한반도와 주변 국가에 평화와 번영이 찾아오길 기원합니다.

박준훈 총장(국립 한국교통대학교)

2004년 4월 KTX가 개통된 이후 고속철도 네트워크는 전국의 대도시로 확장되면서 대한민국은 하나의 거대한 메가시티로 변모해 가고 있습니다. 장래 KTX가 서울에서 평양을 거쳐 대륙의 주요 도시로 뻗어 나가면 한반도, 중국 등 동아시아에는 새로운 고속철도 경제권이 탄생될 것입니다. 고속철도의 파급효과는 가히 혁명적이라고 표현해도 과하지 않기에, 저도 2017년 『KTX경제혁명』이라는 단행본을 출간한 바 있습니다. 저자가 이 책의 부제를 『열려라! ETX(East Asian Train Express)』로 정한 바와 같이 ETX가 개통될 때 남한과 북한, 중국에 가져올 경제적, 사회적, 문화적 영향은 상상을 초월할 것입니다.

저자는 2006년 중국 칭화대, 2014년 러시아 국립극동교통대 초빙교수를 역임하면서 계속하여 유라시아대륙철도 연결과 관련된 연구를 수행해 온 것으로 알고 있습니다. 국가교통정책 싱크 탱크인 한국교통연구원 원장으로서 경의선을 고속철도로 연결하는 프로젝트는 한반도 평화와 동아시아 경제발전을 위한 역사적 과업이라고 확신하고 있습니다.

출판을 축하드리며 본 저서가 남북고속철도 건설사업에 대한 국민들의 이해를 돕고 사업 추진을 앞당기는 유익한 학술자료가 되길 바랍니다.

오재학 원장(한국교통연구원)

제3장　중국의 일대일로와 고속철도망

제4장　동아시아 철도경제공동체와 남북중 국제고속철도

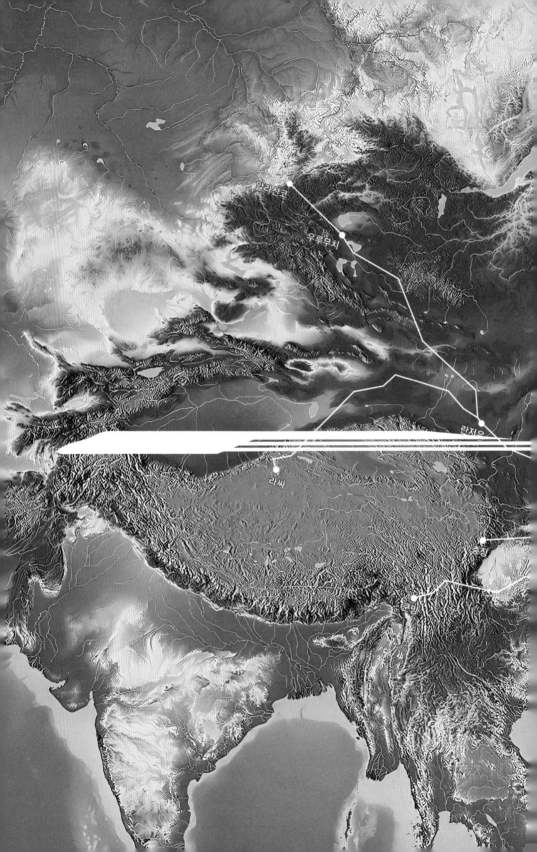

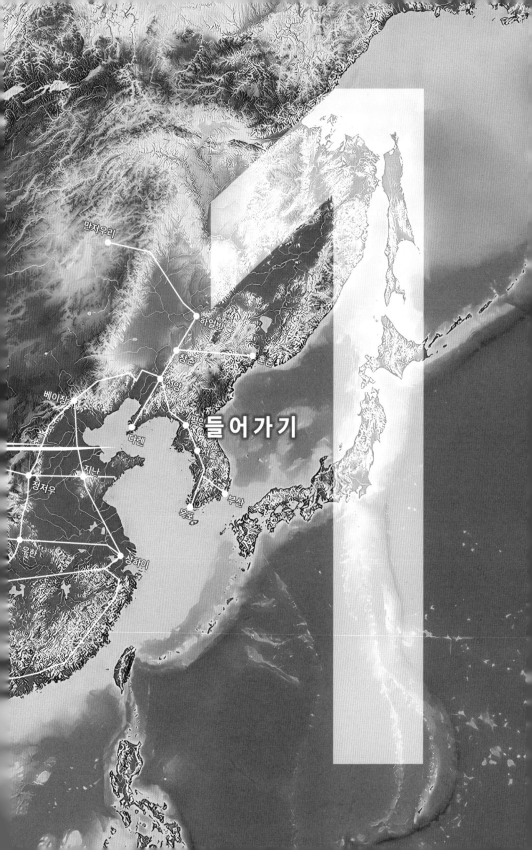

만저우리

하얼빈

창춘

선양

베이징

다롄

지난

창저우

목포

부산

우한

상하이

들 어 가 기

제1장 ————————
들어가기

 한반도가 남과 북으로 분단된 지도 어언 76년째가 되어 가고 있다. 이러다 자칫 분단이 장기화되고 어영부영 고착될까봐 내심 불안해지기도 한다. 세계 역사 속에 그렇게 갈라진 민족들이 많이 있기 때문이다.

 게다가 남한도 북한도 점점 한계 상황으로 치닫고 있다. 북한은 북한대로 폐쇄적인 경제체제와 체제유지를 위한 핵개발로 UN제재 하에 경제가 한계 상황에 다다르고 있고, 세계 2위의 경제규모를 자랑하는 중국에 경제가 예속되어 가고 있다. 남한은 남한대로 당장은 먹고사는데 불편이 없고 아직은 경제가 성장 중이지만 만일 이대로 인구 감소가 진행된다면 일본보다 더 심각한 고령화와 저출산으로 국가부도 위기에 직면할 것으로 보인다. 즉, 2030년에는 국내 전체 인구 중 약 28%가 65세 이상 고령인구가 되어 생산가능 인구 1.85명이 노약자 한 명을 부양해야되는 시기가 도래한다. 2040년에는 조금 과장하면 한 명이 한 명을 부양해야 한다. 요즘 거리에서 청소년이나 어린아이들을 보면 나도 모르게 "쟤들이 내가 80살이 되었을 때 나를 제대로 부양해 주려나?" 하고 혼잣말을 되뇔 때가 있다. 이 상태라면 절대 불가능할 것 같다. 불과 20년 뒤의 일이다. 20년이면 정말 짧은 시간이다. 그럼에도 우리는 20년 뒤인 2040년이 영원히 안 올 것처럼 미래를 준비하지 않고 살아가고 있는 것 같다.

이건 우리 내부의 문제이고 우리 대외 환경은 어떠한가? 우리 민족은 대대로 거대 중국의 주변국으로서 살아왔는데 중국이 약해졌던 100년 전에는 일제에 점령당했고 지금은 역사상 최대, 최강을 자랑하는 중국과 세계 GDP 3위의 일본, 세계 최강의 군사대국 러시아, 미국의 간섭과 영향 하에 아슬아슬하게 줄 타며 살아가고 있다. 나는 누구 말처럼 대한민국이 이렇게 잘 먹고 잘사는 게 애국가 가사 대로 "하느님이 보우하사"라고 생각하며 살아가는 사람 중의 한 명이다. 나는 어쩌다 보니 군대에서는 카투사로서 미군들과 생활을 해봤고, 일본에서 유학을 했고, 중국과 러시아에서 1년씩 초빙교수 생활을 하면서 본의 아니게 미, 일, 중, 러시아 사람들을 조금씩 경험할 수 있었다. 그런데 우리 주변 강대국 사람들을 알아갈수록 우리 민족은 통일을 하지 못하면 언젠가 다시 나라가 없어질 수도 있을 것 같다는 위기감이 들기 시작했다. 우리나라 부모들은 자식들을 성공시키기 위해 자신의 노후 준비까지 팽개쳐가며 자녀교육에 '올인'하고 있지만 '나라가 없는 미래를 자녀에게 물려주면 어떻게 할까'란 고민은 별로 하지 않고 살아가고 있는 것은 아닐까?

이런 기우를 끝낼 수 있는 가장 효과적인 방법이 통일이다. 통일이 되는 순간 우리 민족은 인구 8천만 명의, 주변국이 쉽게 범접할 수 없는 강대국의 면모를 갖추게 된다. 게다가 북한은 인구구조상 젊은 층이 많기 때문에 통일이 되면 고령화와 저출산이라는 남한의 인구절벽 문제를 상당 부분 해결할 수 있게 된다. 그렇다고 내가 당장의 정치적 통일을 말하는 것은 아니다. 나는 고 김대중 대통령의 제안대로 우선은 경제적으로 자유롭게 왕래하는 통일을 이루고, 북한의 국민소득이 어느 정도 수준에 도달하면 남북 합의 하에 정치적인 통일로 이어지는 점진적 통일을 찬성하는 입장이다. 그리고 가능하다면 문재인 대통령이 제안한 것처럼 동아시아 국가들이 철도·경제·에너지 공동체를 이루어 EU처럼 평화롭게 공존하길 간절히 바라고 있다.

나는 남북중 국제고속철도는 바로 우리 민족의 점진적 통일과 동아시아 철도·경제·에너지 공동체를 만드는데 가장 강력한 지렛대가 될 수 있을 것이라 믿는다. 우리 국민들 중 상당수는 북한에 철도를 건설해주는 얘기를 꺼내면 "또 퍼주기 사업이요?"라며 눈살을 찌푸린다. 하지만 남북중 국제고속철도 사업은 현단계에서 북한 교통 인프라 사업 중 유일하게 흑자가 날 수 있는 사업인 동시에 우리 민족의 통일과 동아시아의 평화와 번영을 선도할 한반도의 '신의 한 수'와 같은 사업이다. 그런데 안타깝게도 너무 많은 국민들이 이 사업의 효용성을 모르고 있다.

그래서 이 책을 집필하게 됐다. 집필 계획은 2018년부터 세웠고 2020년에 1년간 국내 연구년을 가지며 초안을 작성했다. 원래는 2020년 말, 연구년 종료와 동시에 출간하려 했지만 아직 계획했던 만큼 충분히 만들어지지 않아 미루고 있었는데 마음이 조급해져서 우선 출판하기로 작정했다.

주변에서 이 책의 집필을 위해 알게 모르게 도와준 분들이 많다. 특히 민주당 양기대 의원님은 이 책의 공동저자라 해도 과언이 아닐 정도로 책의 집필을 강력히 밀어주시고 채찍질 해주셨다. 이 지면을 빌어 감사드린다.

이 책의 내용에 최대한 객관성을 담보하려 했지만 본의 아니게 저자의 주관적 견해가 들어갔을 수도 있다. 이럴 경우 독자들의 너그러우신 혜량을 바란다.

이 책의 내용은 다음과 같다. 2장은 유라시아 대륙과 한반도의 북핵일지를 다루었다. 남북철도사업의 성패와 직결되어 있는 것이 북핵 문제이기 때문이다. 3장에서는 중국의 고속철도망에 대해 언급했다. 4장은 동아시아 철도·경제·에너지 공동체와 남북중 국제고속철도에 관한 내용으로 구성되어 있다. 처음에는 5장을 별도로 구분하여 UN제재 하에서라도 시행 가능한 사업들을 몇 개 소개하고자 했는데 그 내용들은 다음으로 미루고 우선 남북중 국제고속철도에 관련된 내용 위주로 집필을 했다.

졸필이지만 이 책을 통해 많은 분들이 남북중 국제고속철도에 관해 알게 되고 이 사업을 위한 응원자가 되어주신다면 감사할 뿐이다.

유라시아 대륙과
한반도 북핵일지

대륙의 부활

유라시아 대륙

구소련이 붕괴되었던 1990년대 들어서면서 칭기즈칸 대제 이후 버려진 것 같았던 몽골의 초원길과 실크로드가 다시 부활하고 있다. 유라시아 대륙은 전 세계 육지 면적의 40%를 차지하고 있으며 무려 70여 개국 45억 명의 사람들이 몰려 살고 있다. 동시에 전 세계 GDP의 60%를 점유하고 있는 거대한 경제권이기도 하다. 유라시아 대륙이란 유럽과 아시아를 합친 대륙이라는 의미이지만 좁은 의미에서는 기존의 아시아에 러시아를 합친 지역을 의미한다.

떠오르는 유라시아 대륙

세계적인 저성장 기조 속에서도 유라시아 대륙에 위치한 나라들은 지난 10년간 연평균 경제성장률 6~7%대를 유지하고 있어 세계 어느 대륙보다도 역동적으로 성장하고 있다. 따라서 유라시아 대륙 내 무역량도 급속히 증가하고 있다. 지난 20년간 아시아 각국과 유럽, CIS(독립 국가

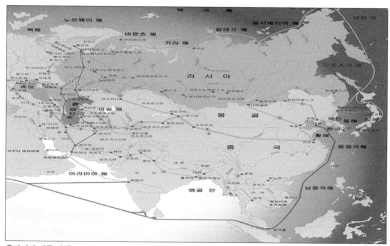

유라시아 대륙 개관

연합), 중동·아시아 사이의 교역량은 급속히 증가한 반면 유럽은 아시아를 제외한 기타 권역과는 교역량이 정체되거나 감소했다.

   교역량이 증대하고 있다는 얘기는 권역 간 물류 이동량이 증가하고 있다는 의미이고, 이 물동량을 제시간에 맞춰 처리해 생산자와 소비자 사이를 연결시켜 주기 위해서는 교통 인프라 구축과 운영이 필수적이다. OECD 국제교통포럼(ITF: International Transport Forum)의 전망에 따르면 아시아 역내 화물물동량이 2050년까지 400% 이상 폭증할 것으로 예측되었고 따라서 아시아 역내 해운 및 육상 운송망을 이용한 국제화물 운송량도 크게 증가할 것으로 예상되고 있다. 이에 유라시아 대륙의 각국은 원활한 물류운송과 여행객 수송을 위해 앞다투어 유라시아 대륙을 연결하는 교통로를 구축함과 동시에 자국에게 유리한 교통 인프라를 건설하기 위해 국가 간 합종연횡을 거듭하고 있다. 흥미로운 것은 유라시아 대륙 동쪽 끝에 위치한 대한민국과 중국, 일본의 경제규모 확대로 이 지역에서의 교통 인프라 구축이 중요해지면서 그 길목을 차지하고 있는 북한의 몸값이 급상승 중인 사실이다. 안타까운 것은 이렇듯 유라시아 대륙에서 새로운 패권경쟁 시대가 열리고 있는데도 우리 국민들 중 어떤 이들은 북한이 관련되기만 하면 무조건 색깔 있는 안경을 쓰고 바라보는 것이 문제다. 이제는 우리 관점을 바꾸지 않으면 우리 자녀들에게 암울한 한반도를 물려줄 수밖에 없다. 변화를 거부하는 집단은 도태된다. 떠오르는 유라시아 대륙에서 우리의 지분을 차분히 챙길 수 있는 지혜가 필요한 때다.

대륙 각국의 움직임

중국의 일대일로(One Belt One Road)

21세기, 유라시아 대륙 국가 중 교통 인프라 구축에 가장 열심을 내고 있는 나라가 아마 중국일 것이다. 화상(華商)으로 대표되는 중국 사람들의 장사 수완은 오랜 옛날부터 잘 알려져 있다. 중국 사람들은 유대인들과 비슷한 실리주의적 생존철학을 갖고 있어 자녀들에게 요리, 재봉, 이용기술 중 하나를 습득하게 해준다고 한다. 그러면 혹시 나라에 정변이 생겨 어쩔 수 없이 낯선 외국에 가서 살게 되더라도 그곳에서 중국집, 양복점, 이발소 중에 하나를 차려 생존할 수 있다는 것이다. 그런데 이렇듯 장사에 밝은 중국 사람들 속담 중에 "부(富)를 만들려면 길을 뚫어라!(想致富,先修路)"라는 말이 있다. 이 말은 어떤 사업을 하기 위해서는 무작정 시작하는 것이 아니라 사전에 교통 인프라를 준비하라는 의미이다. 그리고 보면 세계적으로 강성했던 제국들의 특징은 부강한 나라를 만들고 유지하기 위해 길을 만들었다는 것을 금방 알 수 있다. 모든 길은 로마로 통했던 로마제국, 진시황제의 운하와 도로, 히틀러를 띄워준 독일의 아우토반, 링컨 대통령의 대륙횡단철도 등등…. 따지고 보면 우리나라도 경제발전의 첫 단추가 경부고속도로가 아니었던가?

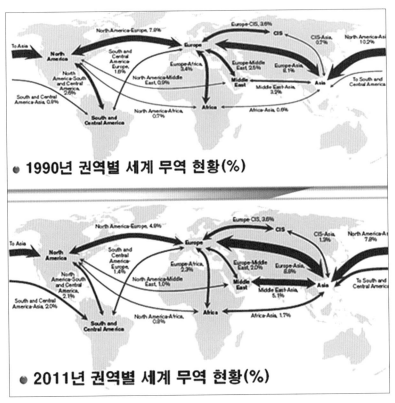

권역별 세계 무역량 추이

자료: 서종원(2016.11.22), 『유라시아 대륙철도 연계와 광명역의 위상 및 역할』 광명시 세미나자료집, p.7

부(富)를 만들려면 길을 뚫어라!'는 포스터 (출처: 바이두 캡처)

어쨌거나 이런 속담에 맞춰 2013년 10월 5일 시진핑 주석이 해상에 한 길(one road), 육지에 한 띠(one belt)를 형성하여 65개국(5,492만㎢), 45억 인구(세계 인구의 70%), 전 세계 GDP 40%를 연계하겠다고 발표한 것이 바로 그 유명한 일대일로 사업(One Belt One Road Initiative)이다. 이를 위해 그 주변 51개 낙후 지역이나 국가에 대형 기초 인프라 900여 개 항목을 제안했다. 중국은 일대일로 사업을 위해 우선 9,000억 달러, 누계 4조 달러의 투자 계획을 세웠다. 이것은 단순히 철도, 도로, 해상로의 교통 인프라 구축사업뿐만 아니라 낙후된 위생, 교육 등에도 270~600억 달러 정도를 투자하는 매머드 종합지역개발투자계획이다. 2017년 초 중국 정부는 2016년 1~11월 사이에 일대일로 주변 국가에 총 8,489억 달러를 투자했고, 향후 10년 안에 투자금액이 2.5조 달러를 돌파할 것이라고 발표한 바 있다. 2019년 4월 25일 개최된 제2회 일대일로 국제협력 정상포럼에서는 참가국들과 640억 달러(약 74조 3000억 원)가 넘는 대규모 일대일로 프로젝트를 체결했다. 여기에는 37개국 정상, 국제통화기금(IMF) 총재를 비롯한 90여 개 국제기구 수장, 150여 개국 고위급 대표단 등 5,000여 명이 초청되었다. 물론 최근 여러 프로젝트가 지연되고 참여 국가들이 차관을 갚지 못하면서 일대일로가 중국에만 도움 되는 것이 아니냐는 우려의 소리가 나오고 있는 것이 사실이다. 어쨌든 인프라 구축의 의미는 중국 중심의 경제, 물류 원활화를 통해 유라시아 대륙 전체를 거대한 단일 경제권으로 묶겠다는 야심찬 계획인 것이다.

뒤에 가서 더 자세히 설명하겠지만 최근 이 계획이 중국의 고속철도망 구축과 깊은 상관성을 갖고 움직여지고 있다. 육상의 벨트는 베이징에서 시작해서 시안, 우루무치, 카자흐스탄의 알마티, 인도, 파키스탄, 테헤란, 이스탄불, 모스크바, 베를린, 파리를 거쳐 이탈리아 베니스에 이르는 길이다. 베니스에서 다시 해상으로 수에즈 운하를 거쳐 인도 캘커

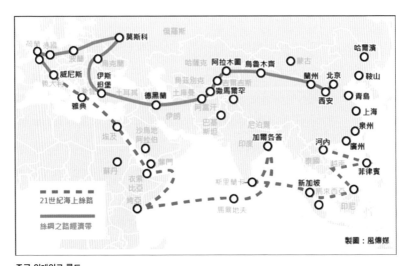

중국 일대일로 루트

자료: http://www.storm.mg/article/263255

타, 싱가폴, 필리핀, 하노이, 상하이까지 돌아오는 것이 바다의 한 길이다. 다시 말하면 중국을 중심으로 고대 육상 실크로드와 해상 실크로드의 복원을 꿈꾸고 있다. 이러한 거대한 중국 굴기에 대해 미국은 편치 않은 마음으로 바라보며 계속 비판적인 목소리를 내고 있다.

경제는 중국에, 정치는 미국에 많은 영향을 받고 있는 우리는 어떤 길을 택해야 할지 큰 도전 앞에 서 있다. 그래서 더더욱 북한과의 평화로운 공존, 더 나아가서는 통일을 차근차근 준비해야 할 이유가 분명해지고 있다.

러시아의 신동방정책

러시아의 신동방정책은 푸틴 대통령의 극동정책과 밀접한 연관성을

러시아의 가스 공급망 설치 현황 및 계획

출처: 박정호 등, 푸틴과 러시아 극동개발 20년: 한~러 극동 협력 심화를 위한 신방향 모색, KIEP, 2019, p.117

띄고 발전해왔다. 푸틴 대통령은 제1기(2000~2008) 취임 직후 2001년 블라고베센스크(Blagoveschensk) 연설에서 러시아 경제정책의 향후 방향은 동쪽(동방)이라고 선언했고, 그 이후 러시아의 전체 고정자본 투자에서 극동바이칼지역이 차지하는 비중이 확대되기 시작했다. 하지만 본격적인 신동방정책은 푸틴 대통령이 제6대 대통령으로 취임하던 해인 2012년 블라디보스토크에서 APEC 정상회담을 개최하고, 극동개발부(현재는 극동·북극개발부)를 설립하면서부터 시작했다고 봐도 될 것이다. 그 후 2015년에는 블라디보스토크를 중심으로 경제특구(선도개발구역과 블라디보스토크 자유항)를 지정했고, 동방경제포럼을 창설해서 지금까지 매년 9월 블라디보스토크에서 개최하고 있다. 동방경제포럼은 '중국활용론'으로 대표되는 외국인 투자유치 활성화와 극동의 글로벌화를 위한 대표적인 협력 플랫폼이라고 할 수 있다.

　신동방정책은 크게 두 가지 관점에서 시작됐다. 첫째는 우크라이나와의 전쟁에서 비롯한 서유럽 국가들과의 대립, 경제제재에 따른 경기침체 및 세계 정치·경제의 중심이 유럽에서 아시아태평양지역으로 이동함에 따른 대외 환경변화에 유동적으로 대응하고자 하는 데서 출발했다. 두 번째는 많은 지하자원과 가스가 매장되어 있으나 희박한 인구밀도를 갖고 있어 서부러시아지역에 비해 상대적으로 개발이 낙후된 극동·시베리아지역의 발전을 가속화시키기 위함이었다. 이를 위해 2016년에는 '극동헥타르'라는 프로그램을 시행하기 시작했는데 이것은 러시아 국민이면 누구든지 신청만 하면 극동지역의 땅을 1인당 1헥타르씩 무상으로 배분해주고 정착금도 보조해주는 제도이다. 1헥타르면 10,000㎡(3,025평)이니 땅덩이 넓은 나라의 국민이 부러울 뿐이다.

우연이지만 우리 정부가 햇볕정책을 통해 북한과 화해하고 대륙으로의 연결을 도모하기 시작한 2000년 6·15 공동선언과 푸틴 대통령의 집권 시기가 궤를 같이하고 있어 러시아와는 뭔가 궁합이 맞는 것 같은 생각이 들기도 한다. 실제로 현재까지는 우리를 둘러싼 4대 강국 중에서 남북철도 연결에 가장 열심을 내는 나라가 러시아이다. 그도 그럴 것이 러시아는 '사할린 2'라는 러시아 석유 개발 역사상 최초의 LNG 사업을 실시하면서 중국, 한국, 일본 등 아시아 시장을 겨냥하고 있다.

그림에서 보는 것처럼 사할린에서 나오는 천연가스 파이프라인을 블라디보스토크까지 연결해놓고 이것을 북한을 통해 한국, 일본까지 수출하고 싶어 하는 것이다. 이 프로젝트는 관련국 모두에게 이득이 되는 프로젝트로 북한의 영토 개방이 필수적이다. 또한 가스파이프 라인 매립 공사는 독립적으로 실시하는 것보다 철도나 도로 같은 교통 인프라를 공사할 때 함께 해주면 비용이 훨씬 절약될 수 있으므로 러시아는 북한 철도 건설에 참여하고 싶은 의욕이 클 수밖에 없다.

신동방정책은 차츰 결실을 맺어 대극동 외국인 누적 투자규모는 2015년 415.5억 달러에서 644.2억 달러로 대폭 증대된 것으로 알려져 있다.

또한 2013년 러시아 경제개발부의 연구에 따르면, 2012~30년 동안 극동 연방관구는 다른 연방관구와 비교해서 발전 속도가 빠를 것으로 예상했다. 예를 들면 같은 기간 극동지역의 지역총생산(GRDP)은 2.47배 증가할 것이며, 2030년경에 극동연방관구는 총 러시아 GRDP의 6.2%(2000년대 중반 4.5%)를 생산하게 될 것으로 예측하고 있다.

특히 주목해야 할 것은 2019년부터는 그동안의 개발기조와 다르게 블라디보스토크에 집중적으로 예산이 투입되고 있다는 점이다. 이는 블라디보스토크를 극동지역의 중심지로 육성함으로써 아시아태평양지역에 대한 러시아의 거점을 확고히 구축하겠다는 전략을 내포하고 있는 것으로 보인다. 이를 위해 이미 극동연방관구의 행정수도를 하바로프스크에서 블라디보스토크로 이전했고, 루스키 섬에 스마트시티를 조성 중이다. 또한 극동지역 전체를 아우르는 스타트업 빌리지를 건설하고 자유항 정책을 확대함으로서 도시 전체에 활력을 불어넣는 작업을 실시하고 있다. 이는 블라디보스토크를 중국의 동북 3성과 북한, 몽골의 유라시아 내륙뿐만 아니라 한국, 일본을 포함한 아시아태평양지역에서도 경쟁력을 갖춘 대표적인 도시로 만들겠다는 야심찬 계획으로 보여진다.

유라시아 대륙의 경영을 위해 러시아는 기존의 서부권에서 동방으로 개발축을 옮기고 있다. 러시아 정부는 조그마한 군항에 불과했던 블라디보스토크가 부상 중인 유라시아 물류망의 거점 항구임과 동시에 시베리아 횡단열차(TSR)의 기점이자 종점이며, 게다가 날로 그 의미가 확대되고 있는 북극항로의 시작점이기도 한 것에 주목하기 시작한 것이다.

어쨌거나 미국 주도의 아시아태평양 세력과 러시아·중국 주도의 대륙 세력이 한반도를 둘러싸고 다시 각축을 벌이기 시작하는 모양새를 보이고 있다.

유럽의 Ten-T 프로젝트와 고속철도 건설 열풍

유럽연합(EU)은 유럽 전역을 지리경제적으로 연계하기 위해 2030년까지 4,352억 유로(약 583조원)가 투자되는 TEN-T(10개의 교통회랑) 프로젝트를 도입했다. 2014~20년까지는 주요 9개 회랑(core network corridors)에 대한 인프라 개발을 집중하기 위해 약 263억 유로(35.2조원)를 유럽 연결 프로젝트(CEF: Connecting Europe Facility)내 TEN-T 프로젝트에 배정했다. 9개 회랑은 모든 교통수단(도로, 철도, 내륙운하, 선박 및 항공)을 포함하며, 특히 서로 다른 교통수단 거점(항구, 내륙운하 항구, 공항, 철도터미널) 간 연계가 강조되는 복합수송체계가 주축을 이루고 있다. 9개의 주요 회랑은 European Coordinators(EU 조정관)에 의해 추진되어지고 TEN-T 규정에서는 European Coordinators의 요건, 임무, 선정절차 등을 명확히 하고 있다. 각각의 회랑에는 회랑포럼(a Corridor Forum)이 수립되어지고 회랑포럼은 일종의 협의체(consultative body) 역할을 하도록 되어 있다.

TC(Transportation Corridor) 1번 노선은 폴란드와 발트3국에서 서유럽으로 연결되는 1,000km의 남북노선으로 핀란드 헬싱키에서 출발해서 탈린~리가~카우나스~바르샤바로 이어진다. TC 2번 노선은 독일에서 출발해서 폴란드, 우크라이나, 러시아를 연결하는 1,800km의 동서노선으로 베를린에서 출발해서 포즈난~바르샤바~브레스트~민스크~스몰렌스크(Smolensk)~모스크바~니즈니 노보그라드까지 이어진다. TC 3번 노선은 독일, 폴란드, 서부우크라이나를 연결하는 1,600km의 동서노선으로 브뤼셀에서 출발해서 아헨~쾰른(Cologne)~드레스덴~브로츠와프(Wroclaw)~카토비체(Katowice)~크라쿠프~리비우(Lviv)~키예프까지 이어진다. TC 4번 노선은 유럽 중서남부에서 흑해까지 연결하는

3,200km의 동서 노선으로 드레스덴과 뉘른베르크에서 출발해서 프라하~비엔나~부다페스트~아라드(Arad)까지 연결된 후 한 축은 불가리아 소피아~테살로니키로 연결되고, 다른 한 축은 계속 동진해서 부카레스트~콘스탄차~이스탄불까지 이어진다. TC 5번 노선은 우크라이나에서 유럽 중앙부를 가로질러 이탈리아 베니스까지 연결하는 1,600km의 동서노선으로 키예프에서 출발해 리비우~우즈고로드~부다페스트~말리보~베니스까지 이어진다. TC 6번 노선은 발트해에서 슬로바키아와 폴란드를 연결하는 1,800km의 남북노선으로 그단스크(Gdansk)에서 출발해 카토비체~질리나, 바르샤바, 브르노(Brno)를 연결하는 3개의 지선이 있다. TC 7번 노선은 다뉴브강 연안의 국가들을 연결하는 2,300km의 동서노선으로 독일에서 출발해 비엔나~부다페스트~베오그라드(크로아티아)~소피아~몰도바~루마니아의 콘스탄차까지 이어진다. TC 8번 노선은 그리스와 이탈리아 사이에 있는 아드리아해의 항구에서 흑해를 연결하는 1,300km의 동서노선으로 두러스(Durres)에서 출발해 티라나(Tirane)~스코페(Skopje)~소피아~몰도바~부르가스~바르나항(Varna)까지 이어진다.

TC 9번 노선은 동유럽 국가들과 마케도니아를 연결하는 3,400km의 남북노선으로 헬싱키에서 출발해 상트페테르부르크~프스코프(Pskov)~오르샤~고멜~키예프~오데사 또는 부쿠레슈티~디미트로브그라드~알렉산드로폴리스까지 이어진다. 마지막으로 TC 10번 노선은 스페인, 프랑스 남부, 그리스와 이탈리아 북쪽 남유럽국가들로부터 우크라이나까지 연결하는 노선이다.

그런데 최근에는 이 회랑들을 더 현실적으로 연결시켜 완벽한 복합운송체계가 되게 하고 있다. 지면 관계상 모두 소개할 수는 없고 스칸디나비아~지중해 회랑 하나를 예로 들어 소개할까 한다. 이 회랑의 출발점

EU의 Ten-T 프로젝트

자료: European Commission(2014), htps://ec.europa.eu/transport/themes/infrastructure/ten-t_en

은 핀란드의 하미나코트카(Hamina Kotka)항이다. 이 항구는 러시아 상
트페테르부르크항에서 연결된다. 하미나코트카항에서 출발한 여객이
나 화물은 철도나 선박으로 헬싱키에 연결되어 다시 철도로 스톡홀름~
코펜하겐~함부르크까지 연결된다. 이 과정에서 코펜하겐에서 함부르크
사이에는 선박에 열차를 실어 나르는 시스템인 열차페리가 이용된다.
또는 스톡홀름에서 말뫼까지 연결된 것은 말뫼에서 선박으로 독일 로스
토크까지 와서 거기서부터 베를린을 거쳐 뉘른베르크에 합류하는 경로
도 있다. 이후 뉘른베르크부터 계속 철도를 이용하여 이탈리아 나폴리
를 거쳐 이탈리아 최남단 팔레르모까지 연결된다. 이 각각의 노선은 주
요 도시와 도시를 연결하는 교통수단을 철도, 항구, 공항 등을 이용해서

EU Ten-T중 스칸디나비아~지중해 회랑

출처: EU홈페이지, https://ec.europa.eu/transport/themes/infrastructure/scandinavian-mediterranean_en

연계될 수 있도록 배려해주고 있다. 그림에서 철도와 도로 그리고 항구와 공항 그림이 있는 것이 그 표시이다.

흥미로운 것은 유럽의 고속철도망이다. Ten-T 프로젝트에 근거해서 EU는 지난 10년간 유럽 전역에 고속철도 건설에 박차를 가하고 있다. 애당초 고속철도는 독일과 프랑스만의 전유물처럼 여겨지던 인프라였는데, 최근 10년 사이 러시아, 스페인, 포르투갈, 터키, 이탈리아, 폴란드 등이 속속 고속철도 소유국가 대열에 합류하고 있다. 스페인은 초창기 프랑스 떼제베(TGV)와 독일 이체에(ICE)를 받아들여 이제는 독자적인

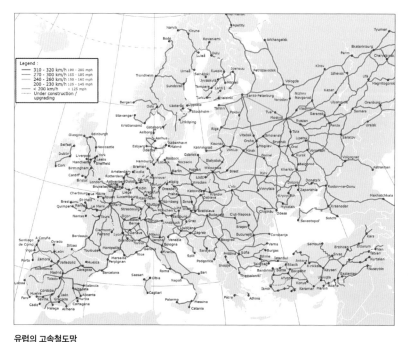

유럽의 고속철도망

출처: 위키백과, https://ko.wikipedia.org/wiki/%EA%B3%A0%EC%86%8D%EC%B2%A0%EB%8F%84

TALGO를 운영하고 있고 러시아는 ICE를 기반으로 발전시켜 삽산열차를 개발하여 운행하고 있다. 특히 프랑스는 파리를 중심으로 전국 각지로 시속 300km 급의 고속철도를 연결시키고 있고, 스페인은 마드리드를 중심으로, 관광대국인 이탈리아는 나폴리~로마~피렌체~볼로냐~밀라노~토리노까지 남북 종단 고속철도를 완성해서 이용하고 있다. 다만 유럽의 고속철도망은 중앙부에 위치한 알프스산맥이라는 지형적 장애물 때문에 부분적으로 끊어져서 아직까지 연계가 완전하지 못하다는 단점을 갖고 있지만 고속철도 건설은 계속되고 있다.

여기서 잠깐 독자 여러분들의 머릿속에 유라시아 대륙 지도를 떠올려

보시라! 유라시아 대륙 서쪽 끝 유럽에서 고속철도 건설이 한창이고, 동쪽 끝 중국에서도 어마어마한 양의 고속철도가 건설되고 있다. 또한 이 유럽과 동아시아를 연결해줄 휘얼귀스~모스크바 고속철도 노선 건설 논의가 계속되고 있다. 물론 현재와 같은 최고시속 350km 급 고속철도로는 대륙횡단 교통수단으로서 시속 900km 정도의 항공기에 밀릴 것이다. 하지만 우리나라 한국철도기술연구원과 테슬라의 CEO 일론 머스크가 개발 중에 있는 시속 1,200km 급 초고속열차(하이퍼튜브)가 상용화된다면 고속철도가 비행기를 제치고 대륙횡단 교통수단으로 등장할 날이 멀지않게 될 것이다. 그러면 글자 그대로 유라시아 대륙이 하나의 마을(Village)이 되는 날이 조만간 다가온다는 의미이니 이걸 타고 유럽을 가고 싶다면 어쨌거나 건강을 지키고 '존버'(끝까지 버틴다)해야 할 듯싶다.

중앙아시아의 지역경제협력
CAREC(Central Asia Regional Economic Cooperation)

중앙아시아 국가들은 아시아개발은행(ADB) 등의 지원을 받아 중앙아시아 지역경제협력(CAREC) 프로젝트를 추진하고 있다. 여기에 참가하는 나라들은 카자흐스탄, 키르키즈스탄, 타지키스탄, 투르크메니스탄, 우즈베키스탄의 중앙아시아 5개국과 아프가니스탄, 아제르바이잔, 조지아, 파키스탄, 몽골, 중국의 11개 나라로 글자 그대로 중앙아시아 국가들을 망라하고 있다. 이들은 2011년 아제르바이잔 바쿠에서 출범하여 2012년에는 중국 우한, 2013년 카자흐스탄 아스타나에서 1년에 한 번씩 교통장관 회의를 개최하는 식으로 매년 모임을 가지며 중앙아시아의 철도, 도로망 연결과 확충을 위해 애를 쓰고 있다. 여기에 관여하고 있는 국제기구는 아시아개발은행(ADB), 유럽부흥개발은행(EBRD), IMF, 이슬라믹개발은행(ISDB), UNDP, 세계은행(World Bank) 등 전 세계 주요 개발기관들이 거의 참여하고 있다고 보면 된다. CAREC 프로젝트의 주요 부문은 운송 인프라, 에너지 인프라, 무역 원활화 등으로 나누어져 있는데 운송 인프라는 기존 인프라의 현대화와 과거 러시아 중심의 운송로 방향을 다양화하여 역내 국가 간 운송망 연결과 남아시아 지역으로의 운송망 연결 강화가 목표다. 대표적으로 6대 운송회랑을 집중해서 개발하려고 시도하고 있다.

CAREC 1 구간은 중국에서 러시아로 연결되는 구간으로 '중국 신장(하미~투루판~우루무치~알라산코, 휘얼궈스)~카자흐스탄(알마티, 삭사울스카야, 칸다가쉬, 악튜빈스크) 주 연결사업'과 카자흐스탄의 '알마티~휘얼궈스 도로 개선 사업'이 가장 큰 프로젝트다. 이 외에도 중국과 카자흐스탄 간 통과지점인 도스툭(도로/철도), 휘얼궈스(도로) 개선사업이 포함되어 있다. CAREC 2 구간은 통과국이 7개나 되는 노선으로 중국 투루판, 카쉬에서 키르키즈스탄, 우즈베키스탄, 투르크메니스탄, 아제르바이잔 바쿠까지 연결하는 구간이다. 이 구간은 화물을 중국에서 터키까지 운송하고 보스포러스 해협을 통해 유럽으로 연결하는 구간이다. 또한 중국~키르키즈스탄~우즈베키스탄 철도 연결사업도 포함되어 있으나 현재는 미정이다. CAREC 3 구간은 아프간을 주요 거점으로 하는 철도 연결사업으로 투르크메니스탄~아프가니스탄~타지키스탄을 철도로 연결하는 사업이다. CAREC 4 구간은 몽골을 중심으로 북쪽의 러시아와 동남쪽의 중국을 연결하는 구간이다. 몽골 동쪽 초이발산과 얼렌트사브를 연결하여 몽골 광산에서 중국과 러시아를 연결시킨다. CAREC 5 구간은 중국, 타지키스탄과 아프가니스탄, 파키스탄 카라치항

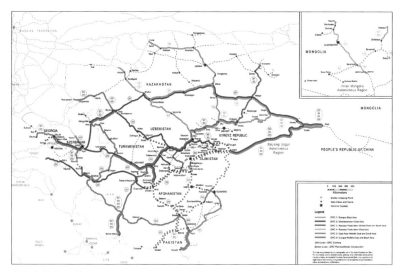

CAREC의 주요 노선

출처: UNLOCKING THE POTENTIAL OF RAILWAYS A Railway Strategy for CAREC, 2017-2030, ADB, 2017, p.13

과 과다르(Gwadar)항을 통해 아라비아해에 연결시키는 중국~남아시아 ~중동 구간이다. CAREC 6 구간은 카스피해를 중심으로 러시아의 북카프카스 지역과 이란의 반다르 압바스항, 파키스탄의 카라치항으로 연결하는 구간으로 CAREC 1, 2, 3, 5 구간과 연계된다. 특히 카자흐스탄(악타우 항구)에서 투르크메니스탄(에트렉)과 아프가니스탄을 거쳐 파키스탄 과다르항으로 연결시키는 사업으로 바다가 없는 중앙아시아 국가들이 바다로 나가기 위한 중요한 교통회랑이다.

그런데 재미있는 것은 이 CAREC에 소속된 국가들 사이에 상호협력뿐만 아니라 미묘한 경쟁관계가 있다는 것이다. 물론 지금은 어느 정도 정리가 되었지만 필자는 유라시아 대륙 교통회랑과 관련된 국제회의에서 우즈베키스탄, 타지키스탄, 키르키즈스탄 발제자 사이에 중국 카쉬에서 연결되는 국제철도 노선을 놓고 자국을 통과해야 유리하다고 주장하는 토론을 여러 번 보았다. 그런 의미에서 보면 우즈베키스탄이 중앙아시아에서는 최초로 2015년 8월 22일 사마르칸트에서 타슈켄트로 가는 노선 중 일부를 최고시속 250km 급으로 개통해서 지금은 부하라에서 타슈켄트 600km를 고속철도로 운영하고 있는 것도 선점 효과를 노린 것인지 모른다는 생각을 한다.

이 글을 포함해 앞의 네 개 글에서 현재까지 중국, 러시아, 유럽, 중앙아시아 각국이 어떻게 유라시아 대륙과 연관된 교통회랑을 자국에 유리하게 연결시키려고 애를 쓰고 있는지 현황을 살펴보았다. 이제 유라시아 대륙에서 자국 교통회랑의 경쟁력을 높이려고 하는 몸짓은 해도 그만, 안 해도 그만인 식의 전략이 아니라는 것을 알아주셨으면 좋겠다. 그런 측면에서 우리나라가 처한 현실은 하루라도 빨리 북한에 고속철도를 건설해서 남북중 국제고속철도를 개통하고, 더 나아가 북한 철도망을 개선하여 우리나라가 유라시아 대륙 교통회랑 운영국가 체제에 편입되도록 전력을 기울여야 한다는 것이다. 속된 말로 아직도 '쌍팔년도식 관점'을 갖고 북한의 교통 인프라와 관계된 얘기만 나오면 퍼주기 사업이니 뭐니 비판하는 분들의 관점이 바뀌기를 바랄 뿐이다.

일본의 미워도 다시 한 번 시베리아횡단철도(TSR)

구소련 시절인 1970년대에서 80년대만 하더라도 일본의 물류기업들은 매우 활발하게 시베리아횡단철도(TSR)를 이용해서 유럽까지 화물을 보냈지만, 1991년 소련 붕괴 이후 러시아의 정치 상황이 불안정해지고 화물 도난이 많아지면서 물동량이 격감했다. 2000년대 초반 러시아가 다시 정치적 안정을 찾으면서 한동안 일본 기업의 TSR 이용량은 다시 증가했으나 2006년 러시아철도공사가 철도운임을 일방적으로 30%나 인상한 후 일본 물류기업의 TSR 이용이 많이 줄었다.

사실 일본은 대동아공영권이라는 미명 하에 이미 1930년대부터 한일 해저터널을 계획하고 있었을 만큼 철도를 이용한 일본의 대륙진출은 관심도가 매우 높았다. 하지만 한반도종단철도 연결이 원활하지 않자 홋카이도에서 사할린으로 건너가는 해저터널 구상을 통해 러시아와 일본을 연결시키려는 프로젝트가 논의되고 있다.

이러한 구상을 진전시키고 있는 것은 2013년 4월 아베 총리가 러시아를 공식 방문해서 두 정상 간에 체결된 공동성명(53개 항에 이르는 러·일 파트너십 발전에 관한 내용)이다. 이후 러시아와 일본의 일부 학자들을 중심으로 홋카이도에서 사할린까지 소야 해저터널로 연결하고 사할린에서 러시아 프리모리예까지는 연륙교로 연결하여 일본 물류를 TSR로 태워 보내자는 논의를 진행한 바 있다. 물론 이 프로젝트는 거대한 투자 금액에 비하여 물류 효율성이 떨어져서 현실성은 거의 없지만 우리에게 큰 도전을 주고 있다.

즉, 북한이든 남한이든 자꾸 한반도종단철도 연결을 지연시키다가 만약 러일 해저터널이라도 뚫리게 되는 날에는 남한은 정말 섬나라처럼 고착화될 수도 있다는 위기의식은 가져야 한다는 것이다. 사실 러시아와 일본 사이의 외교는 최근 몇 년간 아주 활성화되어 왔다. 2016년 한 해 동안에만 러·일 정상은 네 차례 회담을 가졌다. 2016년 12월 15~16일에는 푸틴 러시아 대통령이 11년 만에 처음으로 일본을 공식 순방했다. 이 순방에서 총 12건의 정부 및 부처 간 협정서, 68건의 상업협정 등이 체결됐다. 2017년 4월 27~28일에는 또다시 아베 총리가 러시아를 실무 방문하여 2016년 12월의 합의사항에 대한 구체적인 추진 방안을 논의했다. 그 이후로도 2017년 9월 7일에는 아베 총리가 처음으로 제3차 동

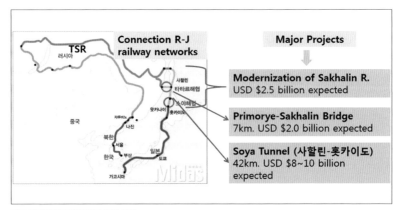

일본 사할린 홋카이도 해저 터널 구상

출처: 박성준, Eurasia Initiative & Northern Logistics Policy of South Korea, 한국교통대 유라시아물류세미나, 2016.12.16, p.24

방경제포럼에 참석했고 2018년 9월에도 참석했다. 2018년 5월 24~26일 동안 아베 총리는 러시아를 공식 방문했으며, 상트페테르부르크 국제경제포럼에도 참석했다. 그리고 마지막 날인 5월 26일 모스크바에서 러·일 정상회담이 열렸다. 양국 정상의 참석 하에 '일본에서의 러시아의 해'와 '러시아에서의 일본의 해' 선포식이 진행됐다. 또한 4년 가까이 중단되어온 러·일 간 제1차관급 전략대화가 2016년에 재개된 이래 정기적으로 개최되고 있다. 이렇듯 러시아와 일본의 밀월 관계가 지속되는 이면에는 푸틴 대통령의 신동방정책을 호응해주기 원하는 러브콜이 담겨있는 것이다. 러시아 학자들의 말을 빌리자면 러시아는 원래 북한철도 부설을 통해 남한과 일본에 가스를 수출하고 TSR 노선을 활성화시키고 싶었는데 북한의 문이 열릴 듯 열릴 듯 안 열리니 일본으로 우회하려는 전략이라고 했다.

그런데 이 글을 쓰기 위해 일본 국토교통성 홈페이지에서 자료를 조사하다 우연히 TSR과 관련한 매우 흥미로운 홍보자료를 보게 됐다. 그것은 일본 국토교통성이 러시아철도공사와 협력하여 TSR을 이용하여 일본에서 유럽으로 화물을 보낼 기업을 모집하고 실험한다는 광고였다.
광고내용은 이렇게 쓰여 있었다.

국토교통성에서는 러시아철도공사와 협력하여 해상운송, 항공운송의 뒤를 잇는 제3의 수송수
단으로서 시베리아철도 이용을 촉진하기 위해 일본에서 유럽까지 보내는 1편성 블록트레인 시
범사업을 실시합니다. (2020년 11월 2일 방출 자료)

예정 스케줄:
11월 5(木)~6일(金): 요코하마항 출항
11月8日(日): 고베항 출항
11月12日(木): 도야마신항 출항
11月13日(金)~14日(土): 블라디보스토크항 도착
11月18日(水): 블록트레인 출발(블라디보스토크역)
12月 상순경: 유럽 도착 (연내 수송 완료 예정)

　놀라운 일이었다. 그야말로 일본의 '미워도 다시 한 번 TSR'이었다. 알
고 보니 이미 2018년도에 1차 실시한 이후 2019년에 이어 2020년도에는
더욱 규모를 확대하여 실시하고 각 물류회사들로부터 운송과정에서 발
생한 좋은 점, 불편한 점 등을 피드백 받고 있었다. 여기에는 의외로 많
은 일본 굴지의 물류회사(일본통운, 트랜스콘테이너, FESCO 등)들이 참
가하고 있었다.
　그중 한 노선을 소개한다면, 그림에서 보는 것처럼 일본 고베항에서
출발하여 블라디보스토크항으로 가는 선박은 남쪽으로 돌아 부산항을
지나 블라디보스토크항으로 가기 때문에 무려 5일 후에나 도착한다. 블
라디보스토크항에서 화물열차로 환적하고 수속을 밟는데 2일, 블라디
보스토크항에서 모스크바까지 7일, 모스크바역에서 브레스트역을 거쳐
종착역인 폴란드 브제크도르누이역까지 7일이 걸려 총 21일이 걸리는

2018년 8월 29일 요코하마항에서 출항 전 기념사진(일본 국토교통성 차관보와 러시아연방 경제발전성 차관, 주일 러시아대사, 러시아통상대표부대표, 러시아철도공사 관계자 등 참석)

출처: 일본 국토교통성, H30年度シベリア鉄道による貨物輸送パイロット事業結果報告, 2019.3, p.3

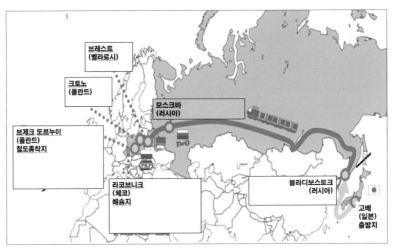

고베항 출발 폴란드 브제크도르누이역 도착 루트

출처: 일본 국토교통성, 令和元(2019)年度シベリア鉄道による貨物輸送パイロット事業報告, 2020.3, p.9

것으로 나타났다. 그리고 트럭에 의한 배송은 브제크도르누이역 근처에 있는 체코의 라코브니크라는 곳에서 이루어진다.

그런데 만일 이같은 루트의 일본 화물이 고베항이 아니라 시모노세키항으로 와서 부산항까지 훼리선으로 오고, 그다음 부산역에서 화물열차에 실어 제진역을 거쳐 북한 동해선을 경유하여 블라디보스토크역까지 갈 수만 있다면 어떤 일이 생길까? 그것은 배로 가는 것보다 3, 4일이나 단축될 것이니 많은 일본 물류기업들이 한반도종단철도 경유 TSR을 이용할 가능성이 높아진다는 의미다. 실제로 2019년 1월 일본 ERINA(환동해경제연구소) 초청으로 심포지움에 갔을 때 그곳에서 만난 일본통운 물류담당 간부에게 만약 남북한철도가 연결되면 부산항을 거쳐 TSR을 이용할 의향이 있느냐고 물었더니 망설임도 없이 시모노세키~부산에는 훼리선이 있으므로 일본 각지의 물류를 트럭으로 시모노세키항에 보내 부산항에서 TSR을 이용할 물동량이 꽤 있을 것이라고 대답해주었다.

본디 교통로라는 것은 선택지가 많을수록 소비자에게 유리한 것이다. 그렇기에 일본은 러시아 TSR 운영이 안정되자 해운, 항공의 뒤를 잇는 유라시아랜드브리지(EULB)를 이용한 복합운송방법인 제3의 길을 다시 찾고 있다. 이런 일은 굳이 한일 해저터널이 없더라도 남북철도만 연결되어 운행될 수 있다면 얼마든지 가능한 일이니 한일 해저터널과는 무관한 사업이다.(한일 해저터널의 타당성과 관련된 자세한 얘기는 다음 책에서 다루려고 한다.)

누누이 말하지만 이제 우리는 섬나라에서 벗어나서 반도라는 지정학적 위치의 열매를 따 먹어야 한다. 남한도, 북한도, 러시아도, 일본도 좋은 이 좋은 남북철도 연결사업을 왜 정치적인 이유 때문에 미뤄야겠는가? 남한의 당국자도 북한의 당국자도 마음을 열고 서로 윈윈할 수 있도록 남북철도를 연결할 수 있는 길을 찾아야 할 때다.

한반도종단철도와 북핵일지

손기정 선수와 철마는 달리고 싶다

유라시아 대륙의 서쪽 끝에는 포르투갈 리스본이 있고 동쪽 끝에는 한반도가 있다. 불과 80여 년 전만 해도 서울역이나 부산역에서 유럽~아시아연락국제열차에 몸을 실으면 이 열차는 하얼빈을 거쳐 광활한 시베리아 벌판을 지나 모스크바까지 데려다주었다. 거기서 다시 유럽행 열차를 타면 베를린, 파리를 거쳐 지중해 연안 도시 리스본까지도 갈 수 있었다. 당시 일본인들도 철도를 이용해 유럽으로 가고 싶으면 부산항에서 국제열차로 갈아타고 서울역을 거쳐 시베리아횡단철도(TSR)를 이용해야만 했다. 그만큼 한반도는 정치·경제, 군사적 요충지였고 이에 대륙 침탈의 허망한 꿈을 꾸었던 일제는 한반도를 침략의 교두보로 삼았던 것이다. 일제 강점기 손기정 선수가 부산에서 출발하여 시베리아를 경유해 독일 베를린까지 타고 갈 수 있었던 한반도종단열차(TKR)는 한국전쟁 발발 직후 중단됐다.

그림은 손기정 선수가 사용했던 일본어와 영어로 된 2등 차표이다. 차표에는 '서베를린 경유 유럽 아시아 연락 승차선권'이라고 쓰여 있다. 여기서 승차선권이라고 한 것은 도쿄에서 시모노세키항까지는 기차, 시모

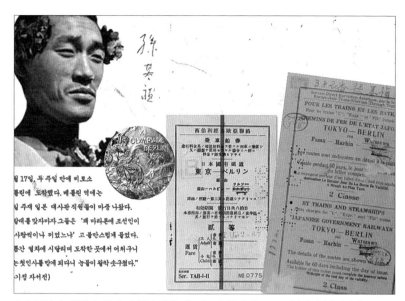

손기정 선수가 사용했던 2등 차표(일본어, 영어): 차표에는 서베를린 경유 유럽 아시아 연락 승차선권(배와 기차 공동 이용) 동경~베를린(경유: 부산~하얼빈~바르샤바)행이라고 적혀있다.

출처: 김현창, 2019년 코레일 상반기 교육자료: 국제여객운송협정(SMPS), https://news.joins.com/article/17361602(중앙일보 2015년 5월 7일 기사)

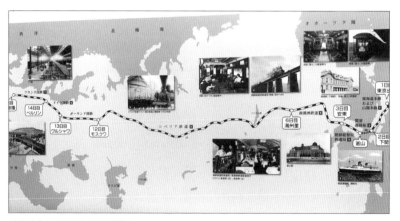

일제 시대 도쿄에서 파리까지의 루트

지도 출처: 사이타마에 있는 일본철도박물관 전시 지도

당시 유라시아철도 출발역인 부산역 전경
출처: 사이타마 일본철도박물관

한반도를 종단했던 국제열차 아카츠키
출처: 사이타마 일본철도박물관

노세키항에서 부산항까지는 부관연락선, 다시 부산역에서 베를린역까지는 기차, 즉, 배와 기차를 모두 이용하기 때문에 붙여진 명칭이다. 그 밑에는 동경~베를린(경유: 부산~하얼빈~바르샤바)행이라고 표기되어 있다. 나는 도쿄 인근 사이타마에 있는 일본 철도박물관에 견학을 갔다가 우연히 이 경로와 관련된 자세한 루트가 그려져 있는 지도 한 장을 발견했다. 너무나 반가워 정신이 번쩍 들어 사진을 찍어왔다.

당시 유라시아 대륙철도의 일정은 첫째 날 동경을 출발한 특급 후지호가 도카이도본선이나 산요본선을 이용해 다음 날 시모노세키역에 도착하고 여기서 부관연락선으로 갈아탄다. 노래 '사의 찬미'의 주인공인 김우진, 윤심덕이 탔던 배의 이름은 도쿠주마루(덕수환)였다.

부산역에서는 조선총독부 소속 특급 아카츠키(새벽)로 갈아타고 한반도를 종단하여 3일째 안동(단동)역에 도착한다. 여기서 조선총독부 철도국·남만주철도 직통급행인 히카리(빛)로 환승하여 하얼빈을 거쳐 중국과 러시아 국경역인 만추리까지 가면 6일째이다. 여기서 1,520mm 광궤인 TSR로 갈아타고 6일을 꼬박 달리면 모스크바에 도착한다. 모스크바에서 바르샤바까지는 폴란드국철을 이용해서 움직이고 바르샤바에서 베를린까지는 독일국철, 베를린에서 파리까지는 프랑스국철을 이용해

철마는 달리고 싶다

서 가면 드디어 출발한 지 15일째 유럽 아시아 연락 승차선권의 종착역인 파리에 도착한다. 민주당 양기대 의원이 늘 가지고 다니며 나눠주는 '광명~파리행 티켓'의 영감이 여기서 나온 것이다.

지금도 임진강역에 가면 '철마는 달리고 싶다'라는 팻말이 달린 녹슨 기관차가 처량하게 놓여있다. 대륙과 해양을 연결하는 지정학적 요충지인 남한 땅이 비행기나 배를 이용하지 않으면 갈 수 없는 섬나라처럼 되어버리다니···. 그 버려진 기관차는 마치 우리의 비통한 마음을 상징하는 것 같다.

이렇게 열차 운행이 중단된 이후 남북한 철도연결 문제가 본격적으로 거론되기 시작한 것은 반세기나 지나 21세기가 시작되면서부터이다. 2000년 6월 15일 남북한 정상은 남북한 상호경제협력을 위한 공동선언문을 채택했고, 이때 가장 중요한 의제 중 하나가 남북한 철도 연결과 재운행이었다. 2002년 9월 18일에는 남북한의 도로와 철도를 잇는 경의선, 동해선 공사가 착공됐다. 그리고 드디어 2007년 12월 문산에서 개성까지 열차가 시범운행을 시작했다. 하지만 꼭 1년 뒤 북측의 운행정지 일방통보로 2008년 11월 남북을 오가던 열차는 멈춰 섰다. 이명박 정부 이후 남북관계 악화로 10년 동안 옴짝달싹 못하던 남북철도 사업은 다시 남북정상 간의 화해 무드로 2018년 11월에서 12월 사이 경의선(개성~신의주) 400㎞ 구간과 동해선(금강산~두만강) 800㎞ 구간 등 총 1천 200km에 대한 남북공동조사를 실시하는 것으로 이어졌다. 유엔사령부의 반대로 우여곡절을 겪다 미국이 양해를 해줘서 조사를 할 수 있었다. 그리고 2018년 12월 26일에는 북한철도 현대화 착공식 행사가 열렸다. 그리고 주지하다시피 지금은 남북, 북미관계의 교착으로 정지 상태이다. 남북중 국제고속철도가 돌파구가 되길 간절히 바랄 뿐이다.

한반도종단철도(TKR)와 러시아의 열망

2002년 9월 남북한의 도로와 철도를 잇는 경의선, 동해선 공사가 착공되었을 때 주변 국가 중 가장 빨리 대응을 했던 나라는 러시아였다. 그만큼 러시아는 어느 나라보다도 한반도종단철도(TKR)와 시베리아횡단철도(TSR)의 연결을 염원하고 있었던 것으로 보인다. 예를 들면, 남북한 철도 연결 공사가 시작되고 며칠 지나지 않아 러시아 철도부장관이 평양을 방문하여 북한과 동해선 재건을 위한 협정을 체결했다.

다음 해인 2003년 한·러 정상 회담에서는 푸틴 대통령이 한국과 러시아 철도관계자가 참여하는 공식회의를 제안했다. 하지만 노무현 대통령이 한국과 러시아만의 공식회의보다는 북한도 참가하는 남·북·러 민간철도전문가 회의로 수정 제안하여 2004년 4월 모스크바에서 남·북·러

민간철도전문가 회의가 개최됐다. 같은 해 7월에는 나진~하산 간 철도 근대화를 위한 북·러 간 상호협정이 체결됐다. 나진·하산 프로젝트 또는 나진·하산 물류협력사업(Rajin-Hassan Logistics partnership)으로도 불리는 이 사업은 러시아가 나진~하산 간 54km의 철도를 개보수하고 2008년부터 49년간 나진항 3호 부두와 나진구 21ha를 개발·운영하는 사업이다. 푸틴 대통령과 김정일 위원장이 2000년에 TSR-TKR 연결을 위한 나진~하산 공동개발에 합의하면서 착수되었고 2006년 3월에는 TSR의 시발역인 블라디보스토크에서 남·북·러 민간철도전문가 회의가 개최되어 동년 5월 경의선·동해선 시운전 개시협정이 체결되기에 이른다.

2007년 6월과 7월에는 한·러 철도회사가 나진·하산 프로젝트를 위한 상호 협정을 체결했고 나진·하산 프로젝트를 위해 러시아 철도전문가들이 재차 북한을 방문했다. 2007년 12월 1일에는 약 55년여 만에 경의선의 운행이 개시되었으나, 금강산 관광객 피살사건으로 1년여 만에 경의선 운행이 중단되면서 이후 약 5년간 TKR과 TSR의 연결을 위한 노력은 모두 멈추게 됐다. 그러던 중 2013년 11월, G20에서 만난 한·러 정상은 TKR-TSR 연결 문제를 핵심 현안 의제로 삼아 회담을 했고 2014년 5월 당시 한국의 코레일 사장이 국제철도협력기구(Organization for Co-operation between Railways OSJD) 사장단 회의 참석차 평양을 방문했다. 사실 이것은 분단 70년 만에 남한 정부 공적기관의 수장이 처음으로 직접 기차를 타고 북경에서 평양을 방문하는 기념비적인 일이었다. 왜냐하면 우리나라 철도분야의 수장격인 한국철도공사 사장에게 북경에서부터 기차로 평양까지 직접 들어갈 수 있도록 북한이 문을 열어주었기 때문이다.

어쨌거나 남북 관계가 얼어붙어 있는 동안에도 러시아의 TKR을 향한 구애의 열정은 식을 줄 몰랐다. 그 결과물이 나진~하산 철도이다. 2014

년 7월에는 북·러 간에 논의를 시작한 지 10년 만에 모든 공사가 마무리되고 나진~하산 간 철도 직결운행이 시작됐다. 나진~하산 간 철도직결운행이 큰 의미를 가지는 이유는 이 구간을 통해 연간 500만t의 화물을 실어 나르는 것이 가능하기 때문이다. 북한의 입장에서는 사용료, 주변 지역 터미널 임대료 등의 부수효과를 얻을 수 있고, 러시아는 보스토치니항의 물동량 포화상태와 수송지연 등의 문제를 해결할 수 있게 된 것이다. 이러한 이유로 러시아는 3,300억 원에 가까운 나진 하산 철도와 나진항 화물터미널 건설비용의 대부분을 부담하면서까지 이 철도구간의 개·보수 작업을 수행했다. 하지만 남북관계가 경색되고 나진항에 대해 미국과 한국이 독자제재에 나서면서 하산역은 거의 이용 가치가 없어져 버렸다. 한미 각각의 제재로 러시아에서 일하는 소수의 북한 노동자가 이용하던 하산역은 유엔제재 이후에는 그마저도 발길이 끊긴 형편이다. 그래서 러시아 전문가들은 한국의 남북철도 정책을 향해 NATO(No Action, Talk Only)라고 비꼬고 있다. 즉, 말만 하지 행동이 없다는 것이다. 이 같은 러시아의 TKR에 대한 러브콜을 생각해 볼 때 남북철도를 연결하는 꿈을 달성하는 과정에서 러시아는 우리의 중요한 우군이 될 수 있음을 알아야겠다. 뿐만 아니라 러시아는 전통적으로 북한의 우방이기 때문에 남북철도 연결을 추진하는 과정에서 러시아를 중재자로 활용할 수 있는 지혜가 필요하다.

북한은 언제부터 핵개발에 뛰어들었나?

　모두 알고 있다시피 현재 남북철도 문제에 있어 가장 걸림돌이 되는 것이 북핵 문제이다. 그렇다면 북한은 언제부터 본격적으로 핵무기에 관심을 갖게 되었을까? 한국전쟁 당시 맥아더 장군이 중공군의 개입을 사전에 막기 위해 트루먼 대통령에게 만주에 원폭투하를 건의했던 것은 알려진 사실이다. 따라서 중국은 미국에 대한 핵 위기의식을 갖기 시작했다. 게다가 1950년대 중반 공산주의 국가 중 유일하게 핵무기를 보유하고 있던 소련과 결별하면서 마오쩌둥은 자국을 보호할 유일한 힘은 핵무기와 장거리 미사일 개발밖에 없다고 믿은 것으로 알려져 있다. 결국 중국은 1964년 직후 핵실험에 성공했다. 북한도 휴전협정 직후인 1955년부터 소련에 핵물리학 관련 유학생들을 보내면서 관심을 갖기 시작한 것으로 보인다. 냉전 시기에는 소련과 중국이 북한에 대하여 핵우산 보장, 물질적 원조 같은 당근과 나름의 협박과 제재라는 채찍을 써 가며 이를 저지시킬 수 있었다. 하지만 1958년부터 냉전이 끝나는 1991년까지 한국에 미국의 핵무기가 대량으로 배치되었고 이는 북한에게 중대한 위협거리로 작용했던 것 같다. 북한의 핵무장이 본격적으로 가시화되기 시작한 것은 1980년대 초반 핵 연구 및 핵발전소 추가 건설 계획을 수립한 때로 추정된다. 이후 북한은 국제 사회의 압박에 의해 1985년 12월 12일 핵확산금지조약(NPT)에 가입했고 1991년 12월 31일에는 남북한이 함께 한반도 비핵화 공동선언에 합의하기에 이른다. 한 달이 지나, 북한은 NPT조약 가입 후 6년 만에 핵안전조치협정에 서명했다. 하지만 1990년 동독이 서독에 흡수 통일되고 1991년 12월 26일 페레스트로이카로 소련이 붕괴되자 경악한 북한은 독자적인 핵무장을 갖추기 위해 박차를 가한 것으로 보인다. 결국 1993년 2월 9일 북한이 국제원자력기구(IAEA)의 특별사찰을 거부하고 이어 NPT 탈퇴를 선언함으로서 '1차 북핵 위기'를 맞게 된다. 미국은 고위급 관료를 통해 협상을 벌였고 1993년 6월 북한이 NPT 탈퇴를 유보한다고 발표하도록 했지만 1993년 12월 김정일 위원장과 파키스탄 베나지르 부토 총리는 미사일 개발에 합의한다. 1993년부터 1994년 6월까지는 북핵으로 인한 한반도 전쟁 위기가 최고조에 달했던 시기이다. 하지만 김일성 주석의 갑작스러운 사망과 클린턴 정부의 대북 유화정책으로 북핵 전쟁 위기는 넘어갔다. 클린턴 대통령이 직접 방북을 계획할 정도로 좋아졌던 북미관계가 2001년 공화당의 조지 부시가 대통령으로 취임하면서 갑자기 냉랭해진다. 게다가 2001년 9·11테러 직후 부시 정부는 아프가니스탄, 이라크, 이란 등과 함께 북한을 악의 축의 하나로 규정했고 다음 해인 2002년 12월 북한은 핵 활동 동결 해제를 발표한다. 2005년 2월 10일에는 북한이 핵무기 보유를 선언했고 그해 5월 1일에는 북한이 영변 5메가와트 원자로에서 폐연료봉 8천개를 인출했다고 발표했다. 이에 주변국들은 북한을 설득해 6자회담에서 북한이 모든 핵무기와 현존 핵계획을 포기한다는 내용으로 9·19 공동성명을 채택했다. 그러나 2006년 파키스탄은 북한에 핵폭탄 제조의 핵심기술인 원심분리기 등을 제공한 것으로 알려졌고 북한은 2006년 10월 9일, 제1차 핵실험을 감행한다. 그해 12월 30일에는 이라크의 사담 후세인이 사형을 당했다. 당시 북한은 남한과 경의, 동해선 철도 시험 운행을 준비하고 있었지만 내부적으로 핵개발은 지속적으로 추진하고 있던 셈이다. 국제사회는 속도를 당겨 2007년 2월 13일 6자회담에서 영변 원자로 폐쇄 및 불능화에 합의했고 2008년 6월 27일에는 북한이 영변 원자로 냉각탑을 폭파, 해체하는 장면이 전 세계에 보도됐다. 하지만 2008년 7월 11일 금강산 관광객 피살 사건으로 남북 관계는 얼어붙었고 두 달 뒤 북한은 영변 원자로 봉인을 해제했다. 북한은 반년 뒤인 2009년 5월 25일에 제2차 핵실험을 실시하기에 이른다. UN 안보리는 1874호 결의를 채택, 북한 핵탄두미사일 개발 프로그램 제재를 강화했지만 그 후로도 북한의 핵과 미사일개발은 계속되어 왔다. 현재 NPT에서 공식적으로 핵보유국으로 인정받고 있는 나라는 미국, 영국,

러시아, 프랑스, 중국 등 5개국뿐이다. 하지만 중국과 사이가 안 좋은 인도가 핵개발에 뛰어들어 1974년 핵실험에 성공했다. 인도가 핵을 보유하자 이번에는 인도와 사이가 안 좋은 파키스탄이 핵개발에 뛰어들어 1998년 핵실험에 성공했다. 인도가 핵실험에 성공했을 때 위기감을 느낀 파키스탄의 줄피카르 부토 총리는 "풀뿌리를 캐먹는 한이 있더라도 핵개발을 강행한다"고 천명하며 필사적으로 핵무기 개발에 매달렸다. 마치 북한이 핵무기를 개발해 온 자세와 흡사하다. 북한이 핵실험을 성공하자 요즘에는 일본이 재무장을 위한 헌법 개정을 계속 외치고 있다. 이러한 핵개발 도미노 현상은 이제 멈춰야 한다. 이상과 같이 북한의 핵개발은 남한과의 적대 관계 이전에 냉전체제의 붕괴, 세계 경찰국가 미국의 태도 돌변 등 국제 정세와 긴밀한 연관성 속에 시작했고 추진되어 왔음을 알 수 있다. 따라서 이런 핵무장 경쟁의 악순환 고리를 끊을 수 있는 방법은 북한이 핵개발에 나섰던 원인을 제거해주는 것이 필요하다고 생각된다. 즉, 미국은 북한의 체제유지를 보장해주고 대신 북한은 비핵화의 길로 나아가 한반도를 '핵프리존(Nuclear Free Zone)'으로 만들어야 한다. 거기에 남북철도를 이어 동북아와 유라시아 대륙 간 상생의 길로 나가야 한다. 물론 북한의 인권을 문제 삼아 북한 체제 유지 보장의 불가성을 주장하는 분들의 마음도 충분히 이해가 된다. 하지만 일의 선후를 생각해볼 때 북한의 인권 문제가 해결될 때까지 북한을 계속 압박하며 핵개발을 부추길 것인지, 아니면 우선 북한이 국제 사회의 일원이 되도록 도우면서 동시에 점진적인 인권문제 향상도 기대할 것인지 우리도 입장을 정리할 필요가 있다. 그런 의미에서 2020년 9월 24일 문재인 대통령이 유엔 연설에서 종전선언을 제안한 것은 중요한 의미를 내포하고 있다. 부디 남북미 정상 간 통 큰 결단으로 한반도에 평화의 길이 수축되기만을 바랄 뿐이다.

북핵과 개성공단 폐쇄 유감

2016년 1월 6일 신년 초 북한이 "첫 수소탄 시험이 성공적으로 진행됐다"고 제4차 핵실험 성공을 발표했다. 이에 따라 북한을 출입, 경유하는 모든 선박에 대한 검색이 의무화되는 UN제재 2270호가 발령됐다. 그리고 한 달 뒤인 2월 7일 북한이 광명성 4호를 발사했고 박근혜 정부는 사흘 뒤 2월 10일 개성공단에서 나오는 자금이 북한 핵과 미사일 개발에 흘러들어간다는 정황이 있다며 돌연 개성공단을 폐쇄했다. 남북 관계가 악화된 상황에서도 개성공단은 유일한 생명줄처럼 남북관계를 이어주고 있었는데 그 줄마저도 끊어버린 것이다. 개성공단 폐쇄는 유엔 차원의 제재가 아니라 남한의 독자적인 제재였다. 그리고 폐쇄 후 6년이 가까워지는 지금도 개성공단은 가동되지 못하고 있다. 그럼 정말 북핵 개발 자금이 개성공단 내 북한 노동자 인건비로 충당되었을까? 물론 일부 탈북자들의 증언과 북한의 통치 자금 체제 구조 등을 종합해볼 때 개성공단 노동자 인건비의 일부 또는 상당액이 북핵 개발 자금으로 흘러들어갔을 개연성은 충분히 있다고 생각된다. 그런데 여기서 중요한 것은 "그럼 개성공단에서 자금이 흘러들어오지 않았다면 북한은 핵개발을 지속하지 못했을 것인가?"란 질문이다. 답은 "NO!"다. 즉, 개성공단이 가동되건 되지 않건 북한의 핵개발은 지속되었을 것이라는 것이 전문가들의 중론이다. 그것은 2016년 2월 개성공단 폐쇄 후로도 북한이 5, 6차 핵실험과 ICBM 미사일을 여러 번 쏘아 올린 것을 근거로 제시할 수 있다.

개성공단에서 북한이 벌어들인 돈은 연간 1억 달러 정도라고 알려지고 있다. 물론 연간 GDP가 313억 달러(2016년 당시) 정도인 북한에게 1억 달러는 적지 않은 돈임에 틀림없다. 하지만 핵개발 및 핵폭탄 실험을 하는데 비용이 얼마나 들까? 북한이 핵 관련 비용으로 얼마나 사용

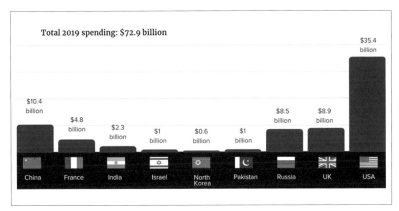

세계 각국의 2019년 핵무기 관련 비용

출처: ICAN, Enough is Enough: Global Nuclear Weapons Spending 2019, 2020

하고 있는지 공식적으로 알려진 정보는 거의 없다. 그것은 북한뿐만 아니라 어느 나라든 핵무기와 관련된 비용 자료는 정확하게 공개하고 있지 않기 때문이다.

온라인상에서 여러 관련 정보들을 뒤지던 중 최근 작성된 흥미로운 정보를 발견했다. 그것은 핵무기 폐기 국제 운동을 벌이고 있는 비영리 단체(NPO)로 2017년에 노벨평화상을 받은 ICAN(International Campaign to Abolish Nuclear Weapons)이라는 단체에서 나온 보고서 내용이다.

이 자료에 따르면 2019년 핵무기를 위해 미국은 354억 달러, 중국은 104억 달러, 영국은 89억 달러, 러시아는 85억 달러, 프랑스는 48억 달러, 인도는 23억 달러, 이스라엘과 파키스탄은 각각 10억 달러, 북한은 6억 달러를 사용했다. 이 비용들은 개발보다는 유지 관리 비용이기 때문에 북한이 핵을 개발하기 위해서는 이 보다 훨씬 더 많은 비용이 들어갔을 것으로 추산할 수 있다. 즉, 개성공단에서 벌어들인 1억 달러로는 핵 개발을 위한 비용 일부밖에 충당되지 않는다는 점이다.

그렇다면 핵 개발자금은 어디서 왔을까? 그 답은 엉뚱하게도 이스라엘과 이란의 관계에서 출발한다. 이슬람 중에서도 강경파로 알려진 시아파의 본산인 이란은 교리적으로 '미국은 큰 사탄, 이스라엘은 작은 사탄'으로 간주하고 지구상에서 이 두 나라가 없어져야 무함마드가 재림할 것이라고 믿고 있다. 따라서 이란은 핵무기를 개발하면 가장 먼저 사용해야 할 곳이 이스라엘이라고 생각하고 있고 이스라엘은 필사적으로 이란의 핵개발을 저지해왔다.

2020년 11월 27일 전 세계 언론은 일제히 이란의 핵개발을 이끌었던 모호센 파흐리자데가 수도 테헤란 인근 도시 아브사르드에서 테러로 암살되었고 배후로서 이스라엘이 의심받고 있다고 보도했다. 뉴스 매체들은 이 사건이 8년 만에 재연된 것이라고 했다. 그렇다. 이런 테러 사건은 이미 2010년부터 2012년 사이에도 있었고 2년 동안 10여명의 이란 핵과학자들이 암살되어 이란이 자체 기술로는 핵무기를 개발할 수 없는 상황이 됐다. 이 시기는 정말 중동의 국제 정세가 요동치던 시기였다. 9·11 테러 이후 10년 만에 2011년 5월 2일, 오사마 빈라덴이 사살됐다. 같은 해 10월에는 무타심 카다피 등 중동의 독재자들이 축출되거나 사망하는 일이 뉴스에 계속 보도됐다. 게다가 12월 17일에는 김정일 국무위원장도 사망했다. 이런 일련의 국제정세 변화는 북한의 지도층을 불안하게 했을 것이다. 돈은 있으나 중요 핵과학자를 잃어 기술력이 없는 이란과 기술력은 있으나 돈이 없는 북한의 이해관계가 딱 맞아떨어지는 지점이 생긴 것이다. 그 결과가 김정일 위원장 사망 후 추대된 김정은 위원장이 2013년 2월 3일 "자주권을 지키기 위한 중요한 결론을 내렸다"고 발언한 직후 실시된 북한의 제3차 핵실험 실시로 귀결된다. 이때 여러 뉴스매체에 보도될 때 핵실험 현장에 하얀 방호복을 입은 짙은 피부색의 사람들이 서 있었고 이들이 이란 핵과학자들이었던 것으로 알려지고 있다. 그 이후 잘 알려진 대로 북한은 불과 4년 사이에 3번의 핵폭탄 실험과 다수의 ICBM급 미사일 발사시험을 감행했다.

회고해보면 개성공단 폐쇄는 정말 바보 같은 조치였다. 러시아 정부는 나진항 프로젝트가 유엔 제재 예외 사업이 되도록 애를 써 인정을 받았다. 이처럼 우리 정부도 개성공단만큼은 유엔 제재 예외사업으로 설득을 해 남북화해의 통로로 활용해야 했는데 공단폐쇄라는 자충수를 두고 말았다. 이로 인해 얼마나 많은 개성공단 사업가들이 고통 받고 있으며 남북관계에도 악영향을 주고 있는지 곰곰이 생각해볼 문제다.

남북관계에 있어서 이 같은 종합적인 정보가 부족해 우리 국민들의 판단력이 상당히 오도될 경우가 많다. 부디 앞으로는 국민들에게 올바른 정보가 제공되어 국민들이 합리적인 판단을 함으로써 남북협력사업이 더 많이 추진되고 이를 통해 한반도의 평화 정착이 앞당겨질 수 있기를 바라마지 않는다.

제4절 ————————————————
유라시아 대륙철도와 한반도의 운명

북핵일지와 남북철도 연결사업으로부터의 시사점

　북핵일지로부터 얻을 수 있는 시사점은 크게 네 가지 정도로 요약될 수 있을 것 같다. 첫 번째 남북철도 연결과 북핵 문제는 별개의 의제로 간주되어야 한다는 것이다. 앞에서 서술한 것처럼 남한 정부의 햇볕 정책과 별도로 북핵 개발은 지속됐다. 예를 들면, 2000년 6·15 공동선언문이 발표되었고 2002년 9월 경의선, 동해선 철도, 도로공사가 착공됐다. 하지만 이 같은 화해 무드와 관계없이 같은 해 10월, 제2차 북핵 위기를 맞았다. 그 후로도 2006년 경의선, 동해선 철도 운행이 논의되고 있던 시기에 북한은 제1차 핵실험을 실시했다. 남북 양자의 화해 무드와는 별개로 북한의 핵무장을 가속시킨 이유로 9·11테러 후 미국의 북한에 대한 악의 축 규정, 미국의 사담 후세인, 카다피 대통령 제거 등 북한 통치권자들의 불안을 가중시킨 국제정세를 들 수 있기 때문이다. 따라서 남북철도 연결을 북핵 문제와 연동시켜 유엔제재로 지연시키기 보다는 오히려 역발상으로 남북철도 연결을 통해 북한의 경제 전반이 향상되어 북한이 자신감과 안정감을 갖고 핵폐기 협상에 응할 수 있도록 문제 해결의 지렛대로 활용할 필요가 있다.

두 번째 향후 남북 인프라 사업을 실시할 때는 남북 양자구도가 아닌 다자구도의 안전장치가 필요하다. 우리는 금강산 관광사업, 남북철도 운행, 개성공단 등 남북사업이 북한이나 남한의 일방적인 중단선언으로 하루아침에 깨지는 상황을 여러 번 경험했다. 이렇게 된 데는 그동안 남북사업의 성격이 다자구도가 아닌 남북 양자구도로만 진행했기 때문이다. 만약 남북사업에 미·중·러·EU 등 여러 나라의 투자가 있었다면 손해배상 문제와 국제사회의 압력으로 인해 남북 양자의 일방적인 선언으로 사업 자체를 중지시키기는 어려웠을 것이다.

세 번째 무조건적인 제재가 해답이 아니라는 점이다. 남북 인프라 구축 사업이 진행되는 상황에서도 북한이 핵실험을 하는 것을 보며 남한의 많은 국민들은 대북 사업 등을 통해 북한에 흘러들어간 달러가 역으로 핵으로 되돌아오고 있다고 비판했고 이명박 정부는 전면적 대북제재에 들어갔다. 하지만 약 10년간의 해빙무드 사이에 북한은 1차례 핵실험, 약 9년간의 동결무드 사이에 4번의 핵실험을 실시했다. 즉, 사납고 센 북풍보다는 뜨거운 햇볕이 나그네의 옷을 벗길 수 있었던 것처럼 동결무드만으로 북한 핵을 멈출 순 없다. 남한에서 북한으로 가는 달러 외에도 여러 경로로 북한은 핵실험을 할 수 있는 자금을 확보했기 때문이다.

네 번째 남북 간 인프라 연계는 시간이 아니라 의지의 문제라는 점이다. 70년 이상 단절되어 있던 남북 간 철도가 불과 5~6년여의 실무작업 끝에 운행이 재개됐다. 즉, 만약 남과 북 당사자들이 남북철도를 연결하기로 마음만 먹는다면 우리가 생각하는 것 이상으로 빨리 진행될 수 있다는 사실이다. 따라서 우리는 언제든 국제정세가 허락될 때 즉각 남북 인프라 연계사업을 실시할 수 있도록 차분히 만반의 준비를 할 필요가 있다.

유라시아 대륙철도는 통일에 도움이 되나?

우리가 초등학교 때부터 귀에 못이 박히도록 들어 온 이야기가 있다. 그것은 우리나라는 반도 국가며, 반도 국가의 특징은 잘하면 해양세력과 대륙세력의 가교 역할을 통해 문화가 융성하고 부강한 나라를 만들수 있지만 잘못하면 해양세력과 대륙세력의 각축장이 되어 쪽박을 찰수도 있다는 것이었다. 110여 년 전 우리는 이미 일제에게 나라를 빼앗겼던 경험을 갖고 있다. 요즘 돌아가는 정세를 보면 그때와 어찌 그리흡사한지 가슴 한쪽이 저려 온다. 당시 식민제국주의 열강의 틈바구니에서 나라와 민족의 이익보다는 가문과 개인의 이익을 챙기는데 골몰한사람들 때문에 나라를 빼앗겼던 것처럼 오늘날에도 남이니 북이니, 보수니 진보니 하며 사분오열하다가는 다시금 열강의 침탈을 받지 말라는법이 없음을 냉철히 주시해야 한다.

김구 선생님이 "나의 소원은 첫째도 통일, 둘째도 통일, 셋째도 통일"이라고 외치셨던 말씀을 귀담아 들어야 한다. 통일되지 않은 한반도는인구규모나 정치역학적으로 영구히 주변 열강의 노리개로 남을 수밖에없다. 남한에 있든 북한에 있든 어떤 위정자나 국민이 말로는 애국애족을 떠들면서도 통일을 염두에 두지 않는 정책을 지지하고 있다면 그들은 훗날 역사 앞에 매국노로 단죄를 받을 것이다.

그런 측면에서 유라시아 대륙철도 연결은 통일로 가는 엄청난 지지대 역할을 해줄 수 있을 것이 분명하다. 만약 대륙철도가 연결되어 남한의 물류가 북한을 통과해 유럽까지 갈 수 있다면 북한에 연간 약 1억 달러의 물류세수가 발생될 수 있다고 예측된 바 있다. 2019년 현재 북한의 GDP가 305억 달러인 것을 고려하면 북한에게 있어서 1억 달러는 적지않은 수입이다. 또한 이것은 단순히 북한경제 회생에만 도움을 주는 것

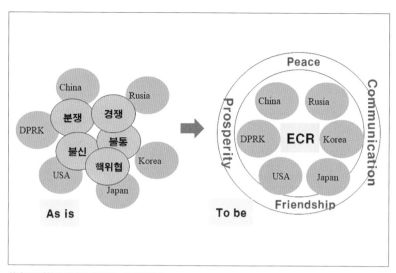

한반도종단철도 연결이 가져오는 긍정적 효과

자료: 진장원, 남북한 인프라건설 의미와 추진전략 및 광명시 대응방향, 광명시 공무원특강, 2017.5.29, p.23

이 아니라 남한에도 생산유발효과를 가져올 수 있고 중장기적으로는 통일비용을 사전에 분담하는 중요한 의미도 담고 있다. 더 나가 유라시아 대륙 철도 연결은 북한을 자연스럽게 대외 개방으로 나아가도록 하며 이를 통한 학습효과는 남북한의 평화정착과 남북한 주민의 교류를 활성화시킬 것이다. 뿐만 아니라 역내 국가 간의 사회문화적 교류와 상호소통이 원활해져서 결과적으로 동아시아의 공동 번영의 디딤돌 역할을 하게 될 것이다.

현재로서는 북핵 문제와 관련한 답이 거의 보이지 않고 있는 실정이다. 북핵 문제를 둘러싼 미·중·러·일의 속내도 보이지 않는다. 저마다 자국에 유리한 셈법을 하고 있기 때문이다. 하지만 현재 상당히 윤곽을 드러낸 것은 북한이 현재로서는 핵만이 자신들을 보호해줄 유일한 생존력이라고 간주하고 있다는 것이다. 북핵 문제를 둘러싼 당사국들의 신

뢰 관계가 상당 부분 훼손된 상태에서 강경 대치 국면이 지속되고 있다. 이 끝은 어디일까? 만일 전쟁이 일어나면 70년 전 한국전쟁 때처럼 한반도에 국한된 재래식 전쟁으로 끝이 날까? 많은 전문가들은 아마 제3차 세계대전으로 이어질 가능성이 크다고 보고 있다. 제3차 세계대전은 결국 인류의 대파국, 즉 인류 멸망으로까지 이어질 것이다. 따라서 건전한 이성을 가진 사람이라면 어느 누구도 전쟁을 원하지 않을 것임이 분명하다.

그러면 어떻게 할 것인가? 이런 인류의 대파국을 막고 한반도에 평화를 가져올 수 있는 길은 무엇일까? 바로 '교통에서 답을 찾을 수 있다'는 점을 인식해야 한다. 현재는 미·중·러·일·남북한 간 분쟁과 불신, 경쟁, 불통이 가득 차 있다. 이런 가운데 유라시아 대륙철도 연결이라는 프로젝트를 통해 국가 간 의사소통을 진행하고 북한을 점진적 개방의 자리에 나올 수 있도록 도와 미·중·러·일·남북한이 소통과 평화, 우정과 번영의 길로 함께 걸어갈 수 있다.

따라서 현 정부는 무엇보다도 서둘러 한반도 평화 정착을 도모해야 하는데 그 유력한 매개체는 유라시아 대륙 국제교통회랑의 구축이 될 수 있다. 이유야 어찌 되었건 지난 정부에서 공염불에 그쳤던 유라시아 대륙 국제교통회랑의 첫 출발점은 남북중 국제고속철도 사업이 될 수 있다. 경색될 대로 경색된 남북 관계를 회복시키기 위해 정부는 국제 컨소시엄 형태의 사업을 통해 남북중 국제고속철도 사업을 추진해야 한다. 이를 통해 남한은 어려워진 건설 경기를 되살릴 수 있는 국가 신성장 동력 창출이 가능하게 되고 북한 역시 경제적 실리를 얻으며 조금씩 개방과 안정의 길로 나갈 수 있을 것이다.

북한, 중국, 러시아의 3국 접경지역인 방추안 전망대에서

도라산역에서: "남쪽의 마지막 역이 아니라 북쪽으로 가는 첫 번째 역입니다"라고 쓰여 있다.

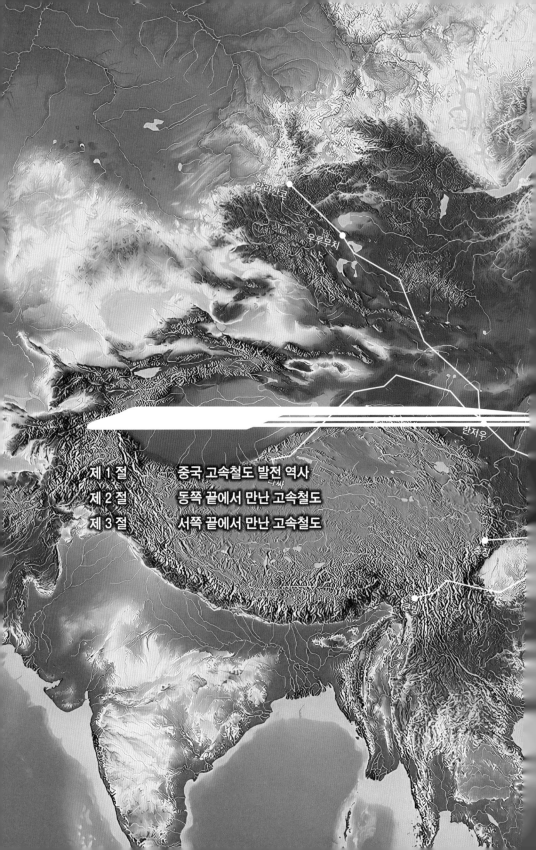

알라산쿠

우루무치

란저우

만저우리

하얼빈

창춘

선양

베이징

다롄

지난

정저우

중국의 일대일로와
고속철도망

우한

상하이

목포   부산

중국 고속철도 발전 역사

동아시아 고속철도의 시작

우리가 잘 아는 것처럼 세계에서 가장 먼저 고속철도가 개통된 나라는 일본으로 1964년 도쿄~오사카 구간 515km가 운행되기 시작했다. 우리나라는 그보다 꼭 40년 늦은 2004년 4월 1일 개통되었으니 이제 17년이 조금 넘은 셈이다. 일본보다 40년이나 늦었음에도 불구하고 우리나라는 세계에서 5번째로 빨리 고속철도를 개통한 나라였을 정도로 당시까지만 해도 전 세계적으로 고속철도의 도입은 더디었다. 이렇게 도입이 더디었던 이유는 아마도 고속철도 기술이 그만큼 고도화된 기술이어서 접근하기 어려웠고 더구나 일반철도보다도 단가가 약 두 배 정도나 되는 고속철도에 선뜻 투자할 수 있는 나라가 그렇게 많지 않았기 때문이 아니었나 싶다.

우리나라에서도 경부고속철도 도입을 앞두고 얼마나 의견이 분분했었는가? 가장 많았던 반대의견은 고속철도에 투자할 돈으로 차라리 일반철도의 연장을 늘리고 전기철도화하는 것이 비용측면에서 더 효율적이라는 의견이었다. 어쨌거나 일단 고속철도가 도입된 후 우리 생활 속에서 고속철도가 가져온 변화는 상상 이상이다. 전국이 삽시간에 반나절 생활권이 되어버린 것은 익히 아는 사실이다. 고속철도가 개통된 후 서울 아줌마들이 계모임을 위해 고속철도를 타고 부산에 가 자갈치 시장에서 점심을 먹고 저녁에 돌아온다는 얘기가 세간에 회자되었던 것이 기억난다.

이제는 고속철도역이 있는 도시와 고속철도역이 없는 도시로 도시의 발전 가능성을 구분할 정도가 되어버렸다. KTX광명역세권만 생각하더라도 고속철도 덕분에 얼마나 발전했는지 정말 상전벽해가 따로 없을 지경이다.

이미 서울에서 대구까지 고속철도가 운행되고 있던 2008년 중국이 베이징에서 톈진까지 고속철도를 완성했다는 뉴스가 나왔을 때 아무도 주목하지 않았다. 하지만 불과 12년 후 중국의 고속철도망이 오늘날처럼 이렇게 어마어마하게 발전하게 될 것이라고는 전 세계 어느 누구도 꿈도 꾸지 못했을 것이다. 2020년 8월 현재 전 세계 24개국에 약 63,000km의 고속철도가 운행되고 있다. 그중에 57.4%인 36,000km의 고속철도가 중국 땅 위를 달리고 있으니, 양질전환의 법칙에 따라 오늘날 중국의 고속철도 기술이 세계 최고를 자랑하게 된 것은 전혀 이상하지 않다.

일본은 수십 년 동안 타의 추종을 불허하는 세계 최고의 고속철도 강국으로 군림했었는데 최근 10년 사이에 세계 5위로 밀려났다. 오늘날 중국의 고속철도는 독보적이다. 이런 중국의 고속철도가 우리의 지근거리에 있다. 북한에 고속철도만 연결되면 중국의 고속철도라는 호랑이 등에 올라탈 수 있는 것이다. 따라서 우리는 중국 고속철도 발전 역사를 좀 더 깊이 알아 볼 필요가 있다.

중국 교통망의 비약적 발전

중국 고속철도 발전사를 다루기 전에 중국의 철도뿐만 아니라 자동차, 해상, 항공교통의 눈부신 발전을 잠깐 소개할 필요가 있다. 1990~2017년 동안 중국의 교통망은 비약적으로 발전했다. 자동차 도로 4.6배 연장, 총 13만 6,400km 길이의 고속도로망 구축, 철도 연장 길이 2.2배 증가, 전철화된 철도 연장 길이 12.6배 증가(전체 철도 전철화율은 1990년 12.9%에서 2017년 68.2%), 광대한 고속철도망(고속철도 사업은 2003년에 시작되어 2017년에 중국 내 고속철도 연장 길이는 31,000km에 달함) 구축 등의 성과를 거두었다. 그 결과 중국의 지상 교통망의 밀도가 매우 높아졌다. 2017년 포장도로의 연장 밀도가 100㎢당 45.2km였고, 철도의 경우 1.4km였다.

중국의 해상교통 분야도 비약적으로 발전하고 있다. 2001년에는 단 3개의 항구만 세계 10대 항구에 포함되었었으나 2018년 결산에 따르면, 컨테이너 화물 총 환적량이 매년 1억 7,090만 TEU에 달하며, 중국의 7개 항구가 세계 10대 항구에 포함됐다.

세계 10대 대형 항구에 속하는 중국 항구(단위: 백만 TEU)

2001		2018	
항구	환적규모	항구	환적규모
홍콩(CAP)	17.8	상하이	42.0
상하이	6.3	닝보~저우산	26.4
선전	5.1	선전	25.7
		광저우	21.9
		홍콩(CAP)	19.6
		칭다오	19.3
		톈진	16.0

출처: Ranking of Container Ports of the World, 2019

2020년 말 현재 운행 중인 고속철도의 총연장 길이도 약 39,000km로 독보적인 세계 1위이다. 2020년 말 현재도 7,200km 길이의 고속철도가 건설 중에 있다. 기술적으로도 중국은 고속철도 구축을 위해 첨단 철도 교통 기술을 사용하고 있다. 예를 들어, 2004년부터 자기부상 고속열차 (Maglev: 독일과 기술 협력, 운행속도 시속 430km)가 상하이에서 푸둥 국제공항까지 총 30km 길이 구간에서 운행되고 있다. 2021년 1월 13일 에는 최고 시속 620km의 자기부상 고속열차 시제품이 공개되었다.

2002년 베이징에서 허베이성 쪽으로 여행한 적이 있다. 당시 중국에 고속도로가 막 건설되던 시기였다. 돈이 없어서 그런지 중앙분리대는 녹색 나뭇잎 같은 조악한 형태의 얇은 철제제품으로 만들어져 있었다. 지나다니는 차량도 짐을 산더미처럼 실은 낡은 트럭이 전부였었다. 그 뒤로 2, 3년에 한 번씩 중국에 갈 때마다 비약적으로 발전하는 교통 인 프라의 모습이 눈에 띄었다. 그러다 어느 땐가부터 중국의 고속도로나 우리나라 고속도로가 별반 다르지 않은 단계가 됐다. 참고로 우리나라 의 고속도로 건설, 운영기술이 거의 세계 최고의 수준임을 감안한다면 중국의 교통 인프라가 얼마나 비약적으로 발전해 왔는지를 가늠해볼 수 있을 것 같다.

중국 고속철도의 시작(1단계: 1995~2005년)

나라마다 고속철도에 대한 정의가 조금씩 다르지만 중국 철도국은 시속 250km 이상의 열차와 철로를 의미한다고 규정하고 있다. 일반 적으로 중국 고속철도의 시작은 우리보다 꼭 4년 늦게 2008년 8월 1일 에 베이징에서 톈진을 잇는 노선으로 시작됐다고 알려져 있다. 지금은

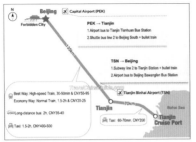

베이징 텐진 구간

출처: https://www.travelchinaguide.com/cityguides/beijing/
tianjin.htm

징진 CRH(최고속도 330kph)

출처: 위키피디아

135km의 구간을 최고 시속 330km로 30분 만에 주파하고 있다. 베이징
에서 텐진은 우리로 치면 서울에서 인천까지나 마찬가지다. 그리고 서
울에서 부산에 해당되는 구간은 베이징에서 상하이인데 중국은 우리의
경인선에 해당하는 구간에 고속철도를 먼저 건설해보고 우리의 경부선
에 해당하는 베이징~상하이 구간을 본격적으로 건설했으니 우리와는
약간 결이 다르다. 말이 나왔으니 조금 더 사족을 달자면 세계 유수의
공항에는 공항으로부터 수도까지 고속철도가 있어서 관문 공항과 수도
를 고속교통수단으로 연결해주고 있는데 우리 인천국제공항에는 고속
철도가 없어서 베이징에서 인천공항까지 2시간에 도착하고 인천공항에
서 서울까지 1시간 반이나 걸리는 불편함을 참아야 한다.

　위의 그림은 중국의 여행사가 게재한 정보로 베이징 수도공항에
내려서 베이징남역으로 이동한 후 고속철도를 타면 최소 30분 만에
135km 떨어진 텐진역까지 이동할 수 있다고 되어 있다. 일반 열차나
고속버스를 타면 두 시간이나 걸리는 거리를 30분 만에 주파하니 얼마
나 놀라운가?

　그런데 우리에게 알려진 것과 조금 다르게 징진 고속철도보다 조금
더 먼저 개통된 노선이 있다. 그건 바로 친선(秦沈) 고속화철도다. 베이

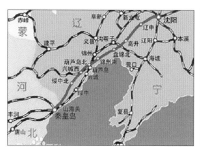

친선고속철도 노선도

출처: Yuesen Wang, HIGH-SPEED RAILWAY DEVELOPMENT
AND IMPACT ON DOMESTIC LOGISTICS IN CHINA, 2014

친선고속철도 전경

출처: Yuesen Wang, HIGH-SPEED RAILWAY DEVELOPMENT
AND IMPACT ON DOMESTIC LOGISTICS IN CHINA, 2014

징에서 차로 약 3시간 정도 북서쪽에 위치하고 있는 항구도시 친황다오
(秦皇島)에서 동북 3성의 관문도시 선양(沈陽)까지 404km가 2003년 10
월 12일 정식으로 개통 운행되기 시작했다. 1999년 8월 16일 공사를 시
작한 고속화철도는 총 투자금액 150억 위안(약 2.5조원)이 들어 간 중국
최초의 고속화철도다.

중국 철도전문가들은 친선 고속화철도를 통해 중국철도가 고속철도
의 설계, 시공과 운영을 경험하게 되어 향후 중국 고속철도 기술발전
의 도약에 기초를 놓은 노선이라고 평가한다. 이 노선은 지금도 베이
징에서 선양, 창춘, 하얼빈 등 동북 3성으로 갈 때 통과하는 노선이지
만 표정속도가 시속 200km밖에 되지 않는다. 그런데 2021년 1월 22일
베이징에서 청더를 거쳐 선양으로 가는 시속 350km 급 징하(베이징~
하얼빈)선이 완전 개통되었다. 총거리 1,198km를 4시간 52분으로 갈
수 있다.(연합뉴스 2021년 1월 21일) 직통이 아닌 일반고속열차가 약
1,200km를 약 5시간에 주파할 수 있으니 표정속도 300km의 서울~베이
징(1,400km) 직통 고속열차가 생기면 5시간 주파가 가능해진다.

*표정속도: 목적지까지의 거리를 목적지까지 걸린 시간으로 나눈 속도. 따라서 예상되는 거리를 표정속도로 나누
면 총 걸리는 시간이 됨.

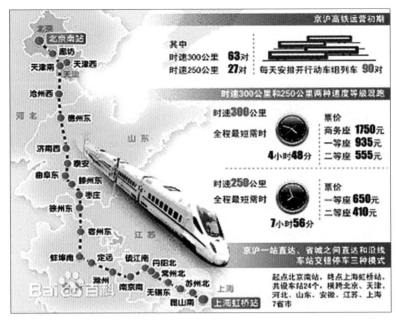

징후선(베이징남역~상하이홍치아오역) 안내도

출처: Yuesen Wang, 전게서

중국 고속철도 발전기(2단계: 2006~2011년)

친선노선과 징진노선이 완공된 직후 중국 정부는 중국 전역을 남북으로 4개 노선, 동서로 4개 노선을 의미하는 '4종4횡(四縱四橫)' 고속철도 노선망을 계획하고 추진하기 시작했다. 그 첫 번째 노선이 당연히 우리의 서울~부산 경부선에 해당되는 징후(베이징~상하이) 노선이었고 2011년 6월 30일 개통됐다. 총연장 1,318km의 징후선은 총 투자금액이 2,209억 위안(37.6조원; km당 285억 원)이 소요되었으며 당시 세계 최장 고속철도 노선이 됐다. 연장의 80% 정도가 교각 방식으로 이뤄진 완전 밀폐식 고속철도다.

고속철도가 생기기 이전에 베이징에서 상하이까지 가는 여행은 기나긴 여정이었다. 그래서 상하이에서 베이징에 가려면 컵라면, 빵, 물 등을 단단히 준비하고 상하이에서 밤에 기차를 타서 10시간 넘게 밤새 가야 했다. 그런데 징후 고속철도 개통 후 지금은 4시간 48분이면 도착한다. 징후선으로 정치적 수도 베이징과 경제적 수도 상하이는 반나절 생활권이 됐다.

그리고 1년쯤 있다가 2008년 10월 착공한 베이징에서 스좌장까지의 징스선이 2012년 7월 25

징스선 기공식 홍보
출처: Yuesen Wang, 전게서

일 완공되었고 5개월간의 시험운행을 거쳐 2012년 12월 26일 정식으로 개통했다. 징스선은 2번째 종단고속철도인데 이 선은 향후 정저우를 거쳐 중국 남부와 중부, 서부로 뻗어 나갈 근간 고속철도였다. 본래 스좌장은 베이징에서 재래철도로 3시간이나 걸리던 도시였는데 이제는 350km 급 고속철도로 1시간 정도밖에 걸리지 않는다. 2006년 칭화대 초빙교수 시절 중국 국경절(10월 1일) 때 란저우로 여행을 다녀온 적이 있다. 당시 란저우에서 베이징까지 기차표가 없어 입석표와 좌석표로 번갈아 열차를 타고 이동한 적이 있다. 거의 10시간 가까이 서 있다가 간신히 자리에 앉아 밤새 자는 둥 마는 둥 부대끼며 스좌장역에 도착, '이제 거의 다 왔다' 싶었지만 여전히 3시간이나 남아 지루했던 기억이 있다. 그런데 지금은 1시간이면 도착하니 감회가 새롭다. 그림은 징스선이 베이징서역에서 스좌장역까지 281km, 최고속도 시속 350km, 표정속도 300km, 4년간의 공사 예정으로 2008년 10월 7일 착공을 한다는 홍보 포스터이다.

이외에도 베이징에서 선전을 잇는 징선선 중 우한~광저우가 2009년 부분 개통되었고 베이징에서 하얼빈을 잇는 징하선이 2011년 완전 개통 됐다.

이렇듯 착착 진행되는 것처럼 보였던 중국 고속철도 건설에 제동이 걸리는 큰 사건이 발생한다. 그것이 바로 7·23 고속철도 사고다.

7·23 사고와 중국 고속철도의 발전

중국 학자들이 중국 고속철도 발전시기를 2005년에서 2011년으로 끊는 이유가 따로 있다. 그것은 바로 그 유명한 7·23사고 때문이다. 2011년 7월 23일 저녁 8시 30분경 원저우(溫洲)로 가던 고속철도의 추돌 사건이 발생했다. 이 사고의 원인은 CRH1B형의 D3115호가 운행 중 벼락을 맞고 동력을 상실하여 멈춘 것에서 비롯됐다. 이어 10분 간격으로 뒤따라오던 CRH2E형의 D301호가 D3115호를 추돌하여 D3115호의 객차 4량이 탈선하고, 그중 2량이 교량 아래로 추락했으며, D301호의 객차 4량도 탈선하여 교량 아래로 추락한 사고이다. 원래 평상시에는 신호 시스템의 일종인 ATC나 ATS가 작동해서 후속 열차를 정지시키지만 벼락으로 해당 구간의 신호 시스템도 같이 고장 난 탓에 후속 열차인 D301호가 정지 신호를 받지 못한 것이 사고 원인으로 보인다.

당시 후행 열차의 기관사가 정지해 있던 선행 열차를 육안으로 확인

사고 당시 현장으로 일반 열차가 고속철도를 차량이 고가에 걸쳐있는 사고 모습
추돌해서 고속철도가 고가 아래 추락해 있다   출처: 나무위키

하고 급정지를 했지만 이미 늦었다고 한다. 이 사고로 40명이 사망했고, 200여명이 중경상을 입었다.

하지만 많은 전문가들이 의문스러워 했던 것은 기관차의 무전 상태는 정상이었다는 점이다. 즉, 선행 열차 기관사는 역 사령실에 "열차가 멈춰섰다"고 보고 했고, 중앙 사령실에서는 역 사령실에 "모든 열차를 멈추라"고 지시했다고 한다. 그런데 왜 후속 열차가 제때 멈추지 않았는지는 의문이다. 전력계통에 문제가 있다는 주장도 나왔지만, 중국 당국이 사고가 난 차량을 땅에 파묻었기 때문에 아직도 정확한 원인은 알 수가 없다. 당국은 기술 누출을 막기 위해서라고 해명했지만 전 세계의 여기 저기서 의심의 눈길을 던졌다. 아마도 사고 원인은 신호제어 계통, 철도 보안장치, 특히 'fail-safe 장치'의 결함일 가능성이 크다.

2011년 7월 28일 원자바오 총리가 사고 현장을 방문했다가 피해자 가

족들의 거센 항의를 받았다. 사실 원자바오 총리는 방문 전날까지만 해도 사고현장에 즉각 가지 않았다고 여론의 뭇매를 맞았다. 그는 기자회견장에서도 내외신 기자들의 질문공세에 시달렸다. 당시 기자회견에서는 중국 정부가 대답하기 힘든 질문들이 쏟아졌다고 한다. 이렇게 시달린 중국 정부는 유족들에게 더 많은 배상금을 지급하는 등 여러 가지 지원책을 제공했다. 그런데 이 사고가 더욱 중요했던 것은 앞만 보고 달려가던 중국 고속철도 사업에 자성의 계기가 되었기 때문이다. 이 사고로 중국 중앙 정부가 직접 나서 고속철도에 대한 대대적인 안전점검을 펼쳤다. 그래서일까? 이 사고 이후로 중국 내에서 사상자가 발생한 고속철도 사고는 일어나지 않았다.

실수는 하지 않는 것이 최선이지만 사람이나 어떤 조직을 차이 나게 하는 것은 실수를 대하는 태도가 아닌가 싶다. 어떤 이들은 실수를 영영 만회하지 못하고 주저앉지만 어떤 이들은 실수를 경험 삼아 더욱 발전한다. 지금까지의 중국 고속철도는 후자에 속한 것 같다.

중국 고속철도 황금기(3단계: 2012~2020년)

7·23 사고 조치 이후 약 1년이 흘러 안정을 찾은 중국 고속철도는 2013년부터 황금기를 맞게 된다. 1990년부터 2000년까지 중국 정부는 10년간 매년 1,572km, 2000년에서 2013년까지 매년 1,855km를 건설했다. 친선노선과 징진노선이 완공된 직후 중국 정부는 중국 전역을 남북으로 4개 노선, 동서로 4개 노선을 의미하는 '4종4횡(四縱四橫)' 고속철도 노선망을 계획하고 추진하기 시작했다. 투자금액은 6,000억 위안 우리 돈으로 102조원이다. 그림은 중국의 4종4횡 노선을 나타낸 것이다.

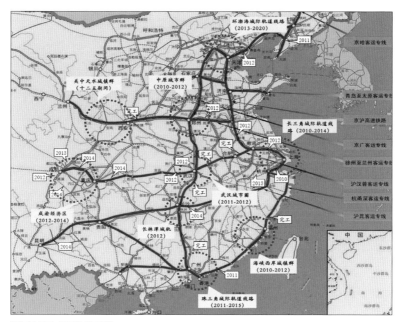

2010년 당시 4종4횡 추진상황

자료: 冠「 找高铁时代的受益者, 中国铁路建設有限公司, 2010.3.3

애당초 중국은 2020년까지 4종4횡으로 16,000km에 달하는 고속철도를 계획했다.

그림에서 보면 2010년 초에 베이징~톈진, 우한~광저우, 정저우~시안, 닝보~샤먼 4개 노선은 완성되어 있었고 2010년 10월에 광저우~선전 노선이 완공될 예정이었다. 2012년에서 2015년 사이에는 베이징~우한, 2015년에는 선전~홍콩을 완성시키고 나머지 노선들은 2015년에서 2020년 사이에 완공시키겠다는 것이었다. 하지만 2013년 시진핑 주석이 일대일로 청사진을 발표한 후 중국의 고속철도망 건설은 가속도가 붙었다.

나의 버킷 리스트 중 하나는 틈이 나는 대로 중국 전역을 이 고속철도로 돌아다녀 보는 것이다. 만일 서울역에서 남북중 국제고속철도에 올

4종4횡 노선도

(4종: 베이징~우한~광저우~선전~홍콩, 베이징~지난~쉬저우~난징~상하이, 베이징~선양~하얼빈(다롄), 상하이
~항저우~닝보~푸조우~샤먼~선전

4횡: 쉬저우~정저우~시안~란저우, 상하이~항저우~난창~창사~귀이양~쿤밍, 칭다오~지난~스좌장~타이위안,
상하이~난징~허페이~우한~충칭~청두)

출처: 바이두웨이보

라 평양을 지나 베이징에 이르러 중국 국내 고속열차로 갈아타고 이 4종
4횡을 누빌 수 있다면 얼마나 좋겠는가? 생각만 해도 가슴이 뛴다. 그렇
다면 서울역에서 인천국제공항까지 가고, 다시 인천국제공항에서 베이
징의 서우두공항, 서우두공항에서 베이징남역이나, 서역까지 이동해서
환승해야 하는 불편함이 일거에 사라지는 것이니 항공기에 대한 고속철
도의 경쟁력이 굉장히 커질 것으로 보인다.

중국 고속철도 미래(4단계: 2021~2030년) 4종4횡에서 8종8횡으로

애당초 중국은 2020년까지 '4종4횡'의 철도망 계획을 완성하기로 했었다. 그런데 2015년이 되기 전에 이미 25,000km '4종4횡'이 초과달성된 것이다. 2019년 중국의 고속철도의 총연장은 35,000km로 기록되어 있다. 중국 전체 철도가 총 13만 9천km이고, 이 중 25%가 시속 250km 이상으로 운행하는 고속철도이다. 중국 국무원 산하 교통운수부의 리샤오펑 부장(장관)은 2020년 5월 19일 기자회견에서 2020년 연말까지 전 중국 철도의 총연장은 14만 6천km가 되어 인구 20만 명 이상의 도시 가운데 99%를 운행할 것이라고 밝혔다. 그는 14만 6천km 가운데 고속철도가 39,000km에 이를 것이라고 밝혔다. 2020년 한 해 동안 4,000km의 고속철도가 더 증설되었다는 얘기다. 눈여겨볼 것은 신장위구르 지역의 수도 우루무치까지 고속철도가 연장되며 하얼빈까지 시속 300km 넘는 고속철도가 연결된다는 점이다. 현재는 가로 8축, 세로 8축의 8종8횡 고속철도망을 구축 중이다. 이것이 완공되면 중국 내 인구 50만 명 이상의 모든 도시가 시속 300km 이상의 고속철도로 서로 연결된다. 2030년을 목표로 추진 중인 고속철도망의 총연장은 4만 5천km에 이르게 될 것으로 전망된다. 여기를 고속철도가 시속 300km 이상 달리게 되는 것이다. 글자 그대로 '거침없이 하이킥'이다. 이외에도 중국 본토에서 하이난섬까지 해저고속철도를 계획하고 있다. 서쪽으로는 우루무치까지, 동쪽으로는 단둥(신의주)과 훈춘(두만강역), 러시아의 마할리노에서 하얼빈, 치치하얼, 치타에 이르는 구간까지 고속철도망을 계획한 것이 8종8횡이다.

그런데 최근 중국 고속철도에 빨간불이 켜지기 시작했다. 고공행진을 이어 오던 일대일로에 대한 투자금액이 2020년 들어 상반기에만 2,500

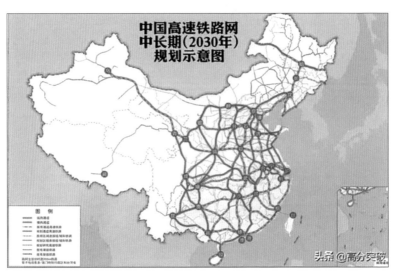

중국이 2030년을 목표로 추진하고 있는 가로 8축X세로 8축을 교차하는 고속철도 운송망의 개념도

출처: 바이두바이커 캡처

억 위안으로 대폭 줄어들었다. 이 금액은 2019년 투자금액의 절반에도 미치지 않는 금액이다. 물론 코로나바이러스의 영향이 있었을 것이라 는 가정도 가능하다. 그러나 문제는 2020년 8월 16일 중국 고속철도 건설을 총 관장하는 중국철도건설그룹유한회사(中国铁建·CRCC)의 천펀젠(陳奮健·58) 회장이 16일 돌연 투신자살해 그 배경에 관심이 쏠리고 있다는 것이다. 일각에서는 그의 자살이 중국 정부의 움직임과 관련이 있다는 주장도 있었다. 즉, 2020년 중국 정부가 코로나바이러스로 침체된 자국 경기를 살리기 위해 철도 인프라 사업에 주력했던 것과 연관이 있다는 것이다. 그가 자살하기 이틀 전 홍콩의 사우스차이나모닝포스트(SCMP)에 따르면 중국국영철도그룹(CR)은 2035년까지 약 20만km의 철도를 추가 건설하겠다는 계획을 발표했다. 이 사업은 CR뿐 아니라 CRCC도 함께 진행한다. 이에 천 회장이 중국 정부로부터 엄청난 경

영상 압박을 받아 극단적 선택을 한 것이라는 일각의 주장이 있다. 지난 2014년 중국중철(中國中铁)의 바이중런(白中仁) 회장이 경영 압박에 시달려 우울증을 앓다 투신자살했었기에 천 회장 역시 비슷한 이유로 자살한 것이 아니냐는 추측이 퍼졌었다. 어쨌거나 이 사건 후 중국에서 전개되는 세계 최대의 고속철도망 사업의 귀추가 주목되었었는데 결과적으로 보면 2020년도에도 5,550억 위안(93조 8,000억원)을 투자하여 2019년 수준을 넘어섰다. (신화망 2021년 1월 9일) 하지만 앞으로 중국 고속철도의 부채 문제는 회색 코뿔소(Grey Rhino)로서 끊임없이 논란의 한가운데 서 있을 것으로 보인다.

중국의 우광(우한~광저우) 고속철도
세계에서 가장 빠른 고속철도는 어디에 있을까?

우리에게는 이제 '우한발 COVID19'로 더 유명해졌지만 중국 내륙의 중심 도시 우한에서 창사, 광저우까지 연결하는 노선이 세계에서 가장 빠른 고속철도로 알려졌었다. 우광 고속철도는 2005년 착공해

출처: 연합뉴스 2009.12.25, 정재용 김토일 기자

4년 반 만에 완공됐으며, 총 1,166억 위안이 투입됐다. 이 고속열차의 최고속도는 시속 394.2km로 2011년까지 세계에서 운행 중인 열차 중에서 가장 빨랐었다. 이에 따라 1068.6km 구간을 2시간 54분에 주파, 표정속도도 시속 341km로 현존하는 고속열차 중에서 가장 빨랐었지만. 7·23 사고 후에 최고 시속을 300km로 낮췄다.

중국의 칭짱철도
세계에서 가장 높은 곳에 위치한 철도는 어디에 있을까?

이 철도는 베이징에서 티베트 라싸를 연결하는 칭짱철도다. 2005년 10월 16일 칭하이성 거얼무와 티베트 라싸를 잇는 칭짱철도 2기 공정이 완공됐다. 거얼무~라싸 구간 칭짱철도는 총 길이 1,142km, 평균 해발고도 4,500m이며, 가장 높은 지점은 5,072m나 된다. 이는 당시까지 세계 최고의 해발고도 기록을 갖고 있던 페루철도(4,817m)보다 255m나 높다.

내가 2006년 1월 중국을 방문했을 때, 중국 TV에서는 한참 이 칭짱철도를 홍보하고 있었다. 푸른 고원과 눈 덮인 산 위를 달리는 기차의 모습은 보기만 해도 아름다웠다. 당시까지 티베트로 들어가는 유일한 육로 교통수단인 버스는 잦은 산사태와 폭설로 단절되기 일쑤였다고 한다. 그런데 이 칭짱철도가 개통되면서 내륙물자 수송과 티베트 관광이 크게 활기를 띤 것으로 나타났다. 개인적으로 아쉬운 점은 몇 번 칭짱철도를 탈 기회가 있었음에도 '또 다른 기회가 오겠지'라고 미루다가 아직까지도 직접 타보지 못한 것이다. 지금은 라싸 소요 사태로 인해 라싸에 들어가려면 다시 라싸 입국 비자를 받아야 하기 때문에 칭짱열차를 타

칭짱철도

출처: http://tibettour.co.kr/?p=329(티벳 투어 홈페이지)에 필자 가공

기가 까다로워졌다고 한다. 비행기로 라싸에 직접 들어간 지인들 중 여러 사람이 고산병에 걸려서 고생했다는 얘기를 많이 들었는데 이 칭짱열차는 비행기와 달리 해발고도가 낮은 곳에서부터 높은 곳으로 점차적으로 이동하기 때문에 여행자들의 고산증 적응에 아주 도움이 된다고 한다. 칭짱열차는 티베트 고원의 강한 자외선을 막기 위한 자외선 방지기능이 있는 유리창, 승객들의 고산병을 막기 위한 산소보급장치와 벼락방지장치 등을 갖추고 디지털관제장치로 제어된다고 한다. 언젠가는 꼭 한번 타보고 싶은 철도 중 하나다.

항목	CRH1	CRH2	CRH3	CRH5
열차외형				
편성형태	CRH1A,C:5M3T CRH1B,D,E:10M6 T	CRH2A:4M4T CRH2B,E:8M8T CRH2C:6M2T CRH2E:6M2T CRH2$_{380}$:14M2T	CRH3C:4M4T CRH3D:8M8T	5M3T
원형모델	Bombardier Regina	신칸센 E2	Siemens Velaro	Alstom Pendolino
최고속도 (km/h)	CRH1A:200 CRH1B,E:200~250 CRH1C:380 CRH1D:380	CRH2A,B,E:250 CRH2C:350 CRH2C$_{380}$:380	CRH3C:350 CRH3D:380	250
수송인원 (명)	CRH1A:670 CRH1B:1299 CRH1E:618	CRH2A:588 CRH2B:1230 CRH2C:610 CRH2E:630	CRH3C:556	622
편성길이 (m)	CRH1A:213.5 CRH1B:426.3 CRH1E:429	CRH2A,C:201.4 CRH2B,E:401.4	CRH3C:200 CRH3D:400	211.5
제어시스템	IGBT VVVF 인버터제어			
전차선전압	25KV AC 가공전차선			

CRH 열차차량 제원

출처: 이현하 외 2인, 중국 철도 분석을 통한 한국철도의 발전 방향 연구, 2015년 한국철도학회 춘계학술대회 논문집, 2015.5, p.2

중국의 고속철도 차량

우리나라는 고속철도를 KTX(Korea Train Express)라고 명명했고 프랑스는 떼제베(TGV), 독일은 이체에(ICE), 중국은 CRH(China Railway Highspeed)라고 부른다. 현재 CRH의 차량 기술은 세계 최고 수준이라고 자타가 공인하고 있다. 실제로 CRH 열차에 탑승해보면 우리나라 KTX 열차보다 소음도, 진동도 적은 것을 알 수 있다. 우리보다 고속철도 후발국인 중국의 차량이 우수한 이유는 무엇일까?

그 이유 중 하나는 아마도 중국이 CRH 차량을 선정하는데 우리처럼 프랑스 TGV 하나만을 모델로 발전시킨 것이 아니라 전 세계 각국의 차량을 모두 들여와 자기들만의 모형으로 집대성한 것이 아닐까 싶다.

즉, 표에 나타낸 것과 같이 중국은 CRH 차량에 독일, 일본 등의 여러 해외시스템을 적용했다.

예를 들면, 가장 첫 번째 모델인 CRH1은 캐나다 봄바디어(Bombardier)에서 들여왔고 CRH2는 일본의 신칸센, CRH3는 독일의 지멘스(Siemens)에서 그리고 CRH5는 프랑스의 알스톰(Alstom)에서 들여왔다. 즉, 열차차량 기술로 세계 최고 회사의 모든 모델을 들여와 오늘날의 최신 CRH로 발전시킨 것이다. 여담이지만 지금 이 글을 읽는 독자 중의 어떤 분은 "그럼 CRH4는 어떤 모델을 따랐나요?"라고 묻고 싶을지도 모른다. 어느 나라 모델을 본떴을까? 정답은 "CRH4라는 모델은 존재하지 않는다"이다. 짐작한 대로 우리나라도 그렇지만 4(쓰)라는 숫자의 발음이 죽을 사와 발음이 같아 '4'를 붙이지 않았다. 대신 CRH 최신모델은 380시리즈 A에서 D까지 계속 개발 중이다.

아무튼 중국의 고속철도 차량이 순식간에 세계 최고 수준으로 도약한 비결은 뭘까?

2018년 4월 중국 국경철도 연구차 중국에 출장을 갔다가 일정을 마치고 돌아와 호텔에서 TV를 켰는데 우연히 재미있는 프로그램을 볼 수 있었다. 리포터가 고속철도 차량을 연구하는 기업연구소에 찾아가서 취재한 것을 방영하는 프로그램이었다. 이 프로그램을 통해 중국이 고속열차 좌석 머리받이 하나에도 엄청난 연구를 기울이고 있다는 것을 알게 됐다. 의자 머리받이 형태를 어떻게 하는가에 따라 바람의 방향이 달라지고, 그에 따른 소음의 가감 정도, 승객의 안락감 등이 변화되는데 중국 철도 관계자들은 이런 모든 것들을 과학적으로 연구하고 있었다. 예전에 일본 TV에서 시속 380km 급 고속철도 차량을 개발하기 위해 팬토그래프(전력공급선)의 모양을 어떻게 할 것인가에 대한 다큐멘터리를 재미있게 본 기억이 나는데 중국 고속철도도 그에 뒤질세라 매우 세심한

CRH5 제6차 철도 고속화 계획에 의해 프랑스의 TGV를 제조한 알스톰사와 제휴해 도입된 고속철도 차량이다.

고속철도 차량 내부 모습 2열 2열도 있고 일본처럼 2열 3열도 있다.

부분까지 고민하는 것을 보며 감명을 받았었다. 그제야 중국 고속철도 차량의 기술력이 어떻게 좋아졌는지에 대한 의문이 풀렸다.

중국의 고속철도 좌석은 이등석, 일등석, 비즈니스석으로 나뉜다. 이등석은 우리의 일반석에 해당하는데 푹신한 소파로 만들어져 있어 별 불편이 없다. 일등석은 이등석보다 넓고 깔끔한 대신 요금이 20% 정도 비싸다. 우리 특실에 해당하는 비즈니스석은 의자를 끝까지 밀어서 누울 수도 있고 물과 과자뿐만 아니라 간단한 간식까지 준비되어 있고 가격은 이등석의 2배 정도다. 하지만 성수기에는 이것마저도 매진되는 경우가 많아 미리 티켓을 예매해야 한다. 중국의 경제성장과 고속철도 승객량의 비례관계를 보여주는 좋은 사례다.

중국의 고속철도몽과 한반도 평화

중국은 지금 총 81,000km의 4개 아시아 관통 고속철도망을 계획하고 있다. 첫 번째는 부산에서 출발해 서울, 평양을 거쳐 중국 베이징, 몽골 울란바토르, 카자흐스탄 아스타나, 러시아 모스크바로 이어지는 유

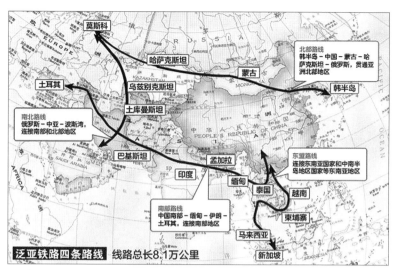

중국의 아시아고속철도망 계획

출처: Yuesen Wang, 전게서

라시아 북부횡단노선이다. 두 번째는 중국 남쪽 국경도시 쿤밍에서 시
작해 베트남 호치민, 태국 방콕을 거쳐 말레이시아 쿠알라룸푸르, 싱가
포르까지 이어지는 동남아노선이다. 세 번째는 중국 남부에서 태국, 라
오스, 방글라데시, 인도, 파키스탄, 이란을 거쳐 터키 이스탄불에 이르는
유라시아 남부노선이다. 마지막 네 번째는 모스크바에서 우즈베키스탄,
투르크메니스탄을 거쳐 이라크 바스라항까지 이어지는 남북종단노선이
다. 사실 네 번째 노선은 중국 영토와 관계가 없지만 고속철도망으로 유
라시아 대륙을 덮어 일대일로 중 일대를 완성하려는 중국의 야심작이라
할 수 있다. 만리장성에 버금가는 어마어마한 계획이다.

어떤 사람들은 실현 불가능한 계획이라고 비웃는 사람들도 있지만 불
과 16년 만에 39,000km에 달하는 고속철도망을 건설한 중국의 저력을
생각해볼 때 절대 불가능한 꿈은 아니라고 생각된다. 물론 인구밀도가

㎞ 당 2명밖에 되지 않는 몽골이나 여타 중앙아시아 국가들의 승객 수요가 많지 않을 가능성이 큰 제약으로 남아있지만 만약에 고속철도보다 건설 단가가 저렴하면서도 속도는 3배 이상 빠른 하이퍼튜브가 상용화된다면 이 꿈이 허황된 꿈으로만 남지 않을 가능성은 얼마든지 있다.

다만 우리의 고민은 중국의 거대한 고속철도망에 대한 고속철도몽과 이미 일대일로에 대해 반대 의견을 공식화했던 미국과의 사이에서 어떻게 한

동남아시아 고속철도망 계획
출처: Yuesen Wang, 전게서

반도의 평화 정착을 이룰 것인지의 문제다. 이런 측면에서 북한의 핵문제가 오히려 새옹지마가 될 수도 있을 것 같다. 즉, 중국의 일대일로에는 불편한 심기를 갖고 있는 미국이지만 북핵 협상 조건의 하나로 남북중 국제고속철도를 의제화해 북한에 고속철도를 건설하여 남북중 국제고속철도를 출발시킬 수도 있다. 이를 위한 절묘한 해법을 고민할 때다.

동쪽 끝에서 만난 고속철도

베이징에서 하얼빈

　2018년 4월 유라시아 대륙철도 연구차 베이징에서 하얼빈을 거쳐 중국 고속철도의 동쪽 끝에 있는 훈춘까지 고속철도로 이동하고 훈춘에서 러시아 블라디보스톡까지는 국제버스를 이용해서 만주를 횡단한 적이 있다. 출발지점은 베이징이었다. 베이징남역에서 오전 7시 53분에 출발해서 톈진, 선양, 창춘을 거쳐 하얼빈서역까지 1,400km의 거리를 8시간이나 타고 가는 여정이었다. 고속철도로 1,400km의 거리를 달리는 것은 내 생애 최초의 장거리 여행이어서 마음이 설레었다. 하지만 하필 황사의 계절이어서 베이징 거리는 황사로 잔뜩 뒤덮여 있었다. 어찌나 황사가 심하든지 분명히 맑은 날씨이건만 비행기 고도가 낮아져서 건물이 눈에 들어올 때에야 시야가 확보될 정도였다. 평소 비염이 있던 내 코는 콧물을 줄줄 흘려보내 베이징 거리를 다니는 것 자체가 고역이었다. 얼른 베이징을 탈출하고픈 마음이 간절했다.

　다음 날 아침 베이징남역에 집결하여 G381 열차에 승차했다. 일반석이었지만 좌석은 깔끔했고 소음이나 진동도 우리 KTX보다 적어서 동행했던 최강식 교수는 "중국 고속철도가 생각보다 좋은데요"라며 연신 감

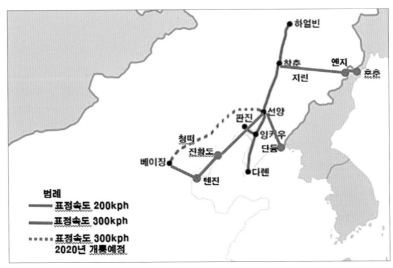

징후선(베이징남역~하얼빈서역) 여행 경로

탄을 했다.

　베이징에서 톈진을 거쳐 친황다오까지는 시속 300km로 달리고 있다는 표시가 전광판에 나왔다. 친황다오에서 선양까지는 시속 200km로 달렸다가 다시 선양에서 창춘을 거쳐 하얼빈까지는 시속 300km 전후로 달렸다. 하지만 이제 2021년 1월 22일 개통한 최고속도 350km 급 징하(베이징~하얼빈) 직선노선(지도상의 점선)이 완공되어 5시간 정도에 주파하게 되었다.

　열차로 8시간이나 가는 여행이 지루할까 봐 내심 걱정을 했는데 밖을 제대로 볼 수 없는 비행기와는 전혀 개념이 달랐다. 밖으로 펼쳐지는 광경을 구경하니 훨씬 덜 지루했다. 동행들과 얘기도 하고 점심시간에는 차 안에서 도시락을 사서 먹다 보니 어느새 하얼빈에 도착했다. 흰 밥에 반찬 서너 가지, 국으로 이뤄진 도시락은 우리 돈으로 8,000원쯤 했는데 우리 입맛에도 맞아 맛있게 먹었다.

베이징남역에서 오른쪽의 열차를 타고 하얼빈으로 갔다.

베이징~하얼빈 고속열차 내부 모습

　장거리 승객이 어느 정도 되는지 살펴봤는데 우리 말고도 주변에 앉아 있던 중국 승객들이 의외로 베이징부터 하얼빈까지 가는 장거리 승객들이었다. 그들은 왜 비행기를 타지 않고 고속철도를 탔을까? 그 이유는 승객이 느끼는 피로도 측면에서 비행기에서의 8시간과 고속철도에서의 8시간은 차원이 다르기 때문인 것 같았다. 이 정도면 서울에서 베이징까지 항공기를 이용하던 승객이 5시간 정도 걸리게 될 한중직통 고

하얼빈서역, 멀리 한참 빌딩 공사 중이다.

속철도를 타게 될 가능성이 매우 커 보인다. 남북중 고속철도 시대가 도
래하기 전에 항공업계는 그에 대비한 계획을 수립하는 것이 바람직할
것으로 생각된다.

　중국도 고속철도역을 시내에 있는 기존 하얼빈역으로 연결하지 못하
고 우리의 동대구역처럼 별도의 하얼빈서역을 만들었다. 하얼빈서역은
하얼빈역에서 떨어져 있다 보니 셔틀버스를 운행하고 있었다. 하얼빈서
역 주변은 한참 개발 중이었다.

　다음 날 훈춘으로 이동할 때는 우리나라 서울~강릉 고속철도처럼 일
반철도 겸용 고속화철도여서 하얼빈역에서 출발하게 되어 있었다. 그
래서 하얼빈역 근처에 호텔을 잡아놓은지라 셔틀버스를 타고 하얼빈역
으로 이동하는데 하얼빈 시내도 북경만큼 황사가 심했고 바람이 세차게
불었다. 그런데 하얼빈 황사는 베이징보다 공해가 덜한 황사인지 콧물
이 조금 잦아들었다. 감회가 새로웠다. 2014년 만주철도를 조사할 때 하
얼빈에서 만추리까지 침대열차를 타고 밤새 달렸었는데 불과 4년 만에
다시 찾은 만주에 고속철도가 완공되어 한나절 만에 주파하다니….

이토 히로부미가 쓰러진 곳이 다이아몬드로 표시되어   안중근 의사께서 저격한 방향이 표시되어 있다.
있다.

  이런 고속철도가 이제 서울에서 하얼빈까지 연결되면 북한과 만주 벌
판을 가로질러 서울에서 하얼빈까지 5시간이 채 걸리지 않을 것이라 생
각하면 한반도의 도시 개발 지형도가 어떻게 바뀔지 궁금해진다.

안중근 의사와 하얼빈역

  첫날 도착한 역인 하얼빈은 헤이룽장성의 성도이며 인구 1,064만 명
으로 중국 10대 도시 중 하나이다. 하얼빈은 만주어로 '그물을 말리는
곳'이라는 의미로 굽이쳐 흐르는 아무르강 위에 있어 '백조 목 위의 진주'
라는 별명을 가지고 있다. 겨울철에 열리는 빙등 축제는 세계적으로 명
성을 떨치고 있다. 1920년대에는 러시아와의 무역 거점도시로서 파리와
모스크바의 새로운 유행이 하얼빈에 가장 먼저 도착했기에 '중국의 패션
수도'로 불리기도 했다.
  그런데 하얼빈역이 우리에게 익숙한 것은 1909년 10월 26일 안중근
의사가 일본의 이토 히로부미를 암살한 곳이 바로 하얼빈역 구내였기
때문이다.

그럼 이토 히로부미는 왜 하얼빈을 방문했고 안중근 의사는 어떤 경로로 하얼빈까지 가셨을까?

네 차례나 일제의 총리를 지낸 이토 히로부미는 대한제국이 실질적으로 일제에게 나라를 침탈당한 1905년 을사늑약을 체결하도록 강요하고 1907년에는 스스로 초대 통감이 되었던 우리 민족의 원흉이었다. 반면 안중근 의사는 동양평화론을 주창하며 한, 중, 일 3국이 평화롭게 지내기를 바랐다. 안 의사는 일본이

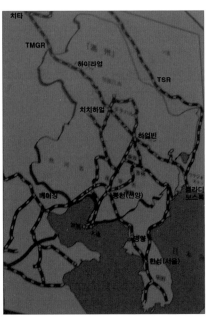

1910년대 철도망, 하얼빈은 러시아와 몽골, 대련에서 봉천을 거쳐 올라오는 만철, 조선의 경의선과 경원선을 거쳐 올라가는 교통의 최고 요충지였다.

일등국, 한국과 중국은 이등국이 되는 대동아공영권의 기초를 놓은 아시아 침략의 태두 이토 히로부미가 만주 하얼빈을 방문하여 러시아 재무장관 코코프체프와 회담을 한다는 소식을 접하고 그를 암살하기로 작정한 것이다. 그때 안 의사는 의병투쟁을 하기 위해 고국을 떠나 2년여 동안 망명지인 연해주 블라디보스토크에서 활동 중이셨다. 당시 하얼빈 역은 봉천(선양)과 함께 만주철도의 요충지였다. 일제는 봉천과 하얼빈을 거점으로 만주를 총괄하는 동시에 몽골로의 진출을 꾀하고 있었다. 그런데 블라디보스토크에서 하얼빈으로 가는 방법은 쑤이펀허를 거쳐 지나가는 철로를 이용하는 것밖에 다른 길이 없었다. 블라디보스토크에서 하얼빈까지는 778㎞, 기차로 36시간 정도 걸렸으며, 안 의사는 우덕

순, 유동하 선생과 함께 생전 처음으로 하얼빈에 발을 밟게 된다. 당시 안 의사는 거사를 치르는데 자금이 부족해 곤란을 겪었다고 한다. 블라디보스토크에서 하얼빈으로 오는데도 친구들의 도움을 받아 어렵사리 100원(루블)을 장만한 것으로 돼 있다. 요즘 한국 물가로 환산하면 250만 원 정도다. 안 의사는 블라디보스토크에서 하얼빈으로 갈 때 직통으로 가는 급행열차는 표 값

안중근 의사의 유묵
(국가안위노심초사(좌), 위국헌신군인본분(우))

이 너무 비싸서 타지 못하고 돈을 절약하기 위해 우편열차를 탔다. 당시 블라디보스토크에서 하얼빈까지는 특별급행열차, 우편열차, 화물차 등 세 가지가 있었다. 블라디보스토크에서 소리령(현 우수리스크 부근)까지는 안 의사와 유동하가 3등표를 같이 샀고 소리령부터 쑤이펀허까지는 2명 모두 2등표를 샀다. 돈을 아껴야했음에도 쑤이펀허 세관에서 3등차는 검사가 엄하고 2등차는 검사가 관대했기 때문이다. 당시 안 의사께서 거사를 숙의하기 위해 우덕순, 유동하와 함께 거니셨고 유언으로 시신을 묻어달라고 한 하얼빈 공원(현 자오린 공원)은 쏸린제에 북쪽으로 면해 있다. 안 의사는 유언에서 "나의 뼈를 하얼빈 공원 곁에 묻어 두었다가 우리 국권이 회복되거든 고국으로 반장해 달라"는 말씀을 남겼

다. 하지만 일제는 뤼순 감옥에서 안 의사를 급히 사형시킨 뒤 그 시신을 형무소 뒤 공동묘지에 매장했다고 밝혔는데 안 의사의 유골은 아직까지도 발견되지 않고 있다.

하얼빈역 구내 안중근 의사 전시관에 전시된 그의 유묵은 보기만 해도 마음이 뭉클해진다. 내가 남북중 국제고속철도와 직접 관련이 없는 것 같은 안 의사님을 장황하게 소개하는 이유가 있다. 그것은 이 책의 4장 동아시아 공동체를 설명할 때 나오겠지만 안 의사님이 동아시아 공동체를 주창한 원조이기 때문이다. 그중에서 이 책과 관련 깊은 세 편을 소개해 드릴까 한다.

'국가안위노심초사' - 국가의 안위를 위해 노심초사한다.
'위국헌신군인본분' - 국가를 위해 헌신하는 것은 군인의 본분이다.

안 의사는 이토 히로부미를 저격한 직후 러시아 헌병들에게 자신은 대한의군의 참모중장이라고 밝히며 범죄자가 아니라 전쟁포로로 취급해줄 것을 요구했지만 일본과의 화해를 모색하고 있던 러시아 당국은 이를 인정하지 않고 안 의사를 일제에 넘겨주고 말았다. 안 의사께서 쓰신 유묵 중에 내 마음을 사로잡는 또 한 가지가 있다.

'약육강식풍진시대' - 강한 자가 약한 자를 잡아먹는 풍진시대다.

당시 자국에게 이익만 된다면 의리도 인류도 헌신짝 같이 버리고 이합집산하며 약소국을 침탈해서 자국의 풍요를 위한 발판으로 삼으려 했던 제국주의 시대의 실상을 식민지 지식인이 절규하듯 쓴 글이다.

그런데 마음이 아픈 것은 안 의사 순국으로부터 110년이 흐른 지금도 한반도를 둘러싸고 강대국들이 저마다 자기 이익과 결부된 계산을 하고 있다는 사실이다. 게다가 지금은 남과 북으로 분단되어 민족의 안위를 우리의 의지대로 결정하기 힘든 시기를 살고 있다. 그래서 남북의 공동체를 회복하고 한반도에 평화를 가져다줄 수 있는 남북중 국제고속철도의 건설이 더욱 절실해진다.

나는 2009년 8월 15일을 전후로 한국철도대학이 주관했던 한국철도 부설 110주년 기념, 안중근 의사 의거 100주년 기념 여행에 동참해서 블라디보스토크부터 쑤이펀허를 거쳐 하얼빈, 마지막으로 뤼순까지 안중근 의사의 발자취를 밟아 함께 여행한 적이 있다. 그때 기억이 새로워 하얼빈역에 가서 안중근 의사가 이토 히로부미를 저격했던 장소를 다시 한 번 찾고 싶었지만 당시 하얼빈역은 대대적인 리모델링 공사로 역내 진입이 금지되어 있었다. 아쉬운 마음금할 길 없었지만 우리가 세계 12대 경제대국의 반열에 이르고 이토록 자랑스러운 민주주의 국가를 건설하기까지 안 의사님과 같은 수많은 순국선열들과 민주열사들의 노고와 헌신이 있었다는 것을 기억하며 나도 미력하나마 분단

안 의사 유묵

조국을 종식시키고 한반도에 평화와 번영이 오는 날까지 진력해야겠다는 다짐을 하며 황사 바람 속에 하얼빈역에 섰다.

다시 한 번 간절히 바라는 것은 한반도의 평화를 위한 길 앞에서 남과

세계 최초 화물전용 고속열차-Mercitalia Fast(ETR-500형)
출처: https://it.wikipedia.org/wiki/Mercitalia_Rail#/media/File:ETR_500_MIR.jpg

은 내 주변 사람들로부터도 중국 샤오미의 공기청정기, 노트북 같은 제품을 해외직구로 장만했다는 얘기를 심심치 않게 듣고 있어 이 추세가 사실임을 직감할 수 있다.

한편, 한국에서 해외로 수출하는 해외역직구 시장은 2015년 800억 원에서 2019년 1조 2,433억 원으로 15.5배나 성장했다. 해외역직구 시장 중 중국이 차지하는 비중은 50.4%나 되며, 건수도 약 140만 건으로 부동의 1위를 차지하고 있다. 이 같은 한국과 중국 간 해외직구와 해외역직구 총액은 2019년 기준으로 약 2조원, 건수로는 약 246만 건이다. 한중 간 양방향 수출, 수입 건수가 비슷해서 화물열차의 공차 발생 가능성이 대폭 줄어들어 운송금액을 낮출 수 있다. 그런데 남북중 국제고속철도가 건설되면 이 중에서 베이징을 포함한 베이징 이북 지역과 동북 3성에서 오고가는 해외직구 물량은 남북중 국제고속철도를 이용하여 운송

당산 CRRC가 개발한 350km 급 화물전용 고속열차

출처: 차이나데일리 2020년 12월 24일 기사 http://global.chinadaily.com.cn/a/202012/24/WS5fe9ba31024ad0ba9dfb1.html

될 가능성이 매우 높아진다. 즉, 지금은 북한 육로가 막혀 있어 해외직구 구매 시 항공 또는 해운으로만 상품을 받을 수 있지만 앞으로는 남북중 국제고속철도 선택 가능한 운송수단이 된다는 의미다.

중국 해외직구를 할 경우 통관 업무를 뺀 순수 운송시간을 기준으로, 현재 항공기는 2~3일 소요되나 운송비용이 해운의 2~4배 수준으로 높다. 배를 이용할 경우 5~8일이 소요되지만 운송비용이 저렴하다. 그런데 남북중 국제고속철도가 생기면 운송시간은 항공기 수준이지만 비용은 절반 정도밖에 안 되는 특급 운송수단이 생기게 된다. 따라서 남북중 국제고속철도는 단순히 여객만 수송하는 것이 아니라 국제 특송 화물도 운반할 수 있게 되는 강력한 교통수단이 될 것이다.

실제로 유럽에서는 2018년 11월 이탈리아에서 카세르타(Caserta)와 볼로냐(Bologna)를 왕복하는 시속 180km의 메르시탈리아 패스트(Mercitalia Fast)라는 화물전용 고속열차가 세계 최초로 운행을 시작했다. 내가 2019년 5월 중국 철도과학원(CARS)을 방문했을 때 중국이 화

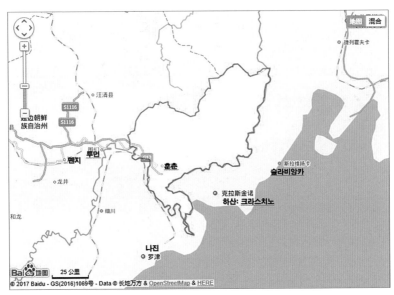

훈춘 위치: 북한과 러시아와 국경을 접하고 있다.

동복을 입고 연장을 든 채로 자리가 없어 여기저기 복도에 앉아 있었다. 놀라운 광경이었다. 교통혁명이 이런 것이구나 싶었다. 원래 기차로 11시간 이상 걸리던 구간이 고속철도가 개통되면서 무려 5시간으로 단축되었으니 교통혁명이 아니고 무엇이겠는가?

훈춘은 중국의 가장 동쪽 끝에 있는 변방의 도시이다. 훈춘이라는 이름 자체가 만주어로 '꼬리'라는 뜻이라고 한다. 그야말로 불과 수십 년 전까지만 해도 호랑이가 나왔을 법한 이곳에 개발 열풍이 불어 고속철도 개통 후 부동산 가격이 폭등했다. 고속철도 개통 후 2017년 관광객수는 연 197만 명으로 전년 대비 30% 증가했고, 관광수입은 4,104억 원으로 18% 증가했다. 훈춘은 러시아와 국경무역이 성행하는 곳으로 훈춘 시내에 들어가면 거리의 상점 간판이 한국어, 중국어, 러시아어로 된 이색적 풍경을 볼 수 있다.

훈춘시내 상점 간판: 한국어, 중국어, 러시아어

그런데 훈춘 사람들이 아주 원하는 바람이 있다는 것을 호텔에 들어가서 알게 됐다. 바로 남북 관계의 개선이었다. 남북 관계가 좋아져 남과 북이 자유롭게 오가게 될 때 훈춘은 명실상부한 남·북·중·러·일의 중심 지역으로 발돋움해 물류산업, 국경무역, 국경관광의 요충지가 될 수 있기 때문이었다. 훈춘 사람들은 그것을 꿈꾸고 있다는 설명이었다. 이 것은 곧 중국 정부의 꿈이기도 하리라. 그래서 아무것도 없는 변방에 고속철도를 연결해놓고 남한에서 올라온 고속철도가 평양을 거쳐 원산, 나진, 훈춘까지 연결되기를 기다리고 있는 것이다.

그런데 우리나라의 준비 상태는 어떠한가? "북한의 철도 건설을 도와 주겠다"고 하면 "또 퍼주기냐?"고 흥분하는 사람들이 있다. 이제는 관점을 바꿔야 한다. 조금 냉정하게 말하면 북한의 필요를 뛰어넘어 이제 우리가 필요해서 북한에 고속철도와 고속도로를 건설해야 하는 시대가 성큼 다가온 것이다. 만약 우리나라의 어느 정치지도자가 북한에의 교통인프라 투자를 놓고 '무조건 퍼주기'라며 왈가왈부한다면 이 훈춘 호텔의 사장만큼의 혜안도 못 가진 필부가 아닐까 싶다.

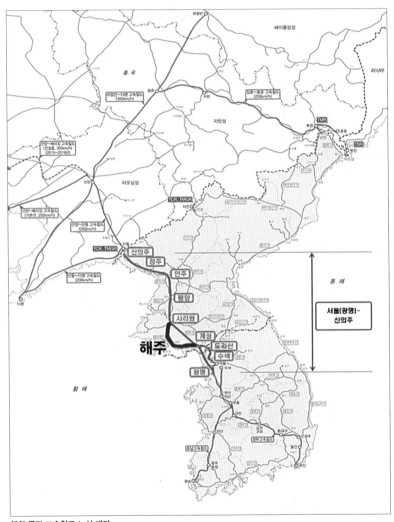

북한 구간 고속철도 노선 대안

듯 서울~개성 사이 남한 구간에도 다양한 노선 대안이 존재하는데 어떤 노선을 선정할 것인지는 남북중 국제고속철도가 항공기와 경쟁하는 시간 단축 효과를 고려해서 결정해야 할 것이다. 반면 북한 측 노선은 시간 단축도 중요하지만 역시 칼자루를 쥐고 있는 것은 북한 당국이므로 이들의 지역 개발 방향이 변수로 작용될 수 있다. 그런 측면에서 북한 측 노선은 개성에서 사리원을 거쳐 평양으로 넘어가는 것이 가장 최단 구간이지만 북한 당국이 2013년 ㈜한신과 논의할 때는 개성에서 해주로 돌아서 사리원으로 돌아가는 노선을 원했다고 한다. 이것은 아마도 북한이 해주 개발 효과를 염두에 두고 제안한 것으로 보인다.

이때 해주를 우회하지 않을 경우에는 도라산~평양~신의주 간 361km이고, 해주로 우회할 경우에는 409km로 약 50km 정도 거리가 늘어나게 된다. 이럴 경우 ㈜한신에 의하면 북한 측 건설비용은 약 15조원이 소요될 것으로 보여 남북한 모두 건설하는데 약 17조원이 필요할 것으로 추정된다.

그러면 일각에서 우려하는 대로 이 돈을 모두 남한 측이 부담해야 할까? 전혀 그렇지 않다. 앞서 언급했던 대로 2030년경 남북중 국제고속철도 승객을 하루 36,000명 정도로 예상한다면 이 노선은 단번에 흑자로 전환될 것이고 여기에 남북중 특급화물수요까지 처리한다면 황금노선이 될 수 있다. 그러므로 남북중이 합작해서 이 노선을 건설하고 운영한다면 지금 풍부한 유동성으로 갈 곳 몰라 헤매고 있는 전 세계의 부동자금이 몰려올 수 있다. 그러므로 남한만 부담하는 퍼주기 사업이 절대 되지 않을 것이다. 물론 경의선을 제외한 다른 북한의 철도 노선은 아직까지 경제성이 낮기 때문에 남한 정부 및 국제 사회의 원조 없이는 건설할 수 없지만 남북중 국제고속철도 노선은 상황이 전혀 다르다는 것을 명심해야 한다. 그러므로 우리가 우물쭈물하다 만일 다른 국제 자본이

'훈춘역'

'훈춘국제버스부'
라고 써 있다

훈춘역 바로 옆에 훈춘국제버스터미널(2019년 촬영)

러시아풍의 건물들 우측에 고층빌딩이 들어서고 있다.

훈춘 세관 전경(출처: 훈춘시 홈페이지 캡처)

를 타고 나섰다. 차 안에는 중국인 무역상 같은 사람들 몇 명과 러시아 사람들이 듬성듬성 타고 있었다. 세관에 도착하니 다행히 우리가 탄 차가 거의 첫차여서 수속은 순조롭게 진행됐다.

훈춘 세관에서 나와 차를 타고 잠깐 가니 다시 러시아 세관이 나왔다. 예전 분단 전에는 우리나라 사람들이라면 누구나 육로로 국경을 통과해서 중국도 가고, 러시아도 갔을 텐데 분단 후 섬나라처럼 되어 버린 지금 우리들에게 이렇게 육로로 국경을 통과하는 것은 너무나 생소한 경험이 되어버렸다. 함께 온 일행들은 평생 처음 경험하는 것이라며 모두들 신기해했다.

전 세계 어느 나라든지 국경 지대에는 왠지 긴장감이 감돈다. 공항의 검색대와는 달리 육로 세관의 장비는 노후해서 육안으로 검사하는 경우가 많기 때문에 죄지은 것 없이도 괜스레 긴장되고 신경이 쓰이는데 이번에는 모두 평안히 국경을 지나왔다. 러시아 세관을 벗어나 짐을 들고

적으로 어깃장을 놓지 못하도록 해야 한다. 이를 위해서는 중국, 러시아, 일본, 미국 등의 자본이 함께 투자될 필요가 있다.

이런 방식에는 크게 기존의 국제개발은행 개도국 금융지원 제도를 활용하는 방식과 별도의 신탁기금(Trust Fund)을 조성하는 방식의 두 가지가 거론되고 있다. 기존의 다국적 국제개발은행(MDB) 개도국 금융지원 제도를 활용하는 방안은 세계은행(WB)이나 아시아개발은행(ADB) 등에서 장기의 저리 차관 등을 빌려줘서 고속철도를 건설하는 방식이다. 다만 이를 위해서는 MDB 등의 회원이 되어야 하는데 회원 가입 전제가 해당 국가의 금융정보 공개 등 투명성 확보다. 현재로서는 북한의 금융정보 공개 동의 여부가 불투명하다는 어려움이 있다.(AIIB의 경우는 비회원국 지원도 가능하지만 현재까지는 재원의 규모가 크지 않은 것이 단점이다.) 또한 시스템적으로 차관 지원에는 시간이 걸리기 때문에 건설 공기가 늦춰질 수도 있다. 두 번째는 별도의 신탁기금을 조성해서 인프라를 건설하는 방식이다. 북한이 비핵화에 합의할 경우 미·일·중·러, 국제기구 등의 공조 속에 UN이나 세계은행이 북한과 협의, 투자 프로젝트를 진행하는 방식이다. 이 방식은 민관이 북한의 개발 수요를 미리 파악해 구체적인 계획을 수립한 후 국제개발은행의 지원을 끌어내야 한다. 이라크, 아프가니스탄의 재건 신탁기금이 이에 해당된다. 그런데 나는 여기서 다른 방식을 제안해보고자 한다. 전술한 바와 같이 남북중 국제고속철도 사업은 충분히 수익성이 있는 사업이므로 건설 중심의 투자방식(Construction Investment)이 아니라 자금 조달 중심의 투자 방식(Financial Investment)으로 진행하자는 것이다. 즉, 남북중 국제고속철도 사업은 건설로만 끝나는 것이 아니라 향후 철도 운영, 노선관리, 유지·보수, 지속가능성, 인접 국가와의 협력까지도 고려해서 건설사업자가 운행까지 맡아서 하는 방식이다. 따라서 당사국인 남북중

이 합작으로 특수목적법인(SPC)을 설립하고 세계 여러 나라의 투자를 받아 사업을 진행하는 것이다. 이를 위해 국민공모주 형태의 주식도 발행할 수 있다.

여러분은 중국의 징후선(베이징~상하이 노선)을 운영하는 징후고속철도유한공사가 2020년 1월 16일 상하이증권거래소에 상장된 것을 아시는가? 사실 중국에서 주식시장에 상장한 철도운영회사는 징후고속철도유한공사가 처음이 아니다. 이미 광선(광저우~선전)고속철도유한공사가 상장한 전력이 있다. 징후고속철도유한공사의 상장이 가능했던 이유는 2014~2017년 4년 동안 311억 7천만 위안(약 5조 3,000억 원)의 순이익을 냈고 특히 2017년의 순이익이 127억 1,600만 위안(약 2조 1,600억 원)이었기 때문이다. 이처럼 전 세계적으로 철도회사가 증시에 상장된 예는 여럿 있다. 예를 들면 배당금을 잘 주는 회사로도 알려져 빌 게이츠의 주식 투자 포트폴리오 중 중요한 부분을 차지하는 캐나다철도공사(Canadian National Railway)도 뉴욕증권거래소에 상장되어 있다. 그 외에도 워런 버핏이 2009년 금융위기 때 인수했던 미국 제2위의 철도회사인 BNSF(Burlington Northern Santa Fe), 미국 제1위의 철도회사 유니온 퍼시픽 철도 등도 모두 상장된 철도회사들이다.

따라서 남북중 국제고속철도도 특수목적법인으로 전 세계로부터 투자금을 유치해 건설, 운영하다 적당한 시기에 미국 증권시장에 상장해 전 세계인의 기업으로 발전시킨다면 정치적 변동성과 관련 없이 동아시아의 대동맥이 되는 황금노선으로 자리매김 할 수 있을 것이다. 우리는 동아시아 철도·경제·에너지 공동체에 미국과 일본도 참여시킬 수 있는 방안이 무엇일까를 고민한다. 남북중 국제고속철도 특수목적법인의 증시 상장은 자연스럽게 이런 고민의 일부를 해결해줄 수 있을 것이다. 만일 남북중이 이 같은 국제적인 고속철도회사를 창립하고 엔젤투자자를

훈춘에서 블라디보스토크까지의 중려국제버스 여행 경로

는 한인 디아스포라 동포들이 약 800만 명이나 된다. 남북한 인구의 십
분의 일이 디아스포라로서 전 세계에 흩어져 살고 있는 것이다. 그중에
절반 이상이 이곳 동아시아 쪽 중국과 러시아, 일본에서 살고 있다. 100
년 전 나라가 어려워 자의 반 타의 반으로 민족의 비애를 안고 흩어진 대
한민국 동포들의 후손이 살고 있는 것이다. 하루속히 북한이 열려 지리
적으로 더 가까워지면서 우리 민족의 엄청난 이 인적 네트워크가 활성
화되기를 바랄 뿐이다.

블라디보스토크행 버스는 손님이 대충 차면 출발하는 스타일이어서
우리 일행이 타니 곧 출발했다. 슬라비앙카부터 블라디보스토크까지의
거리는 300km인데 도로 사정이 좋지 않아 다섯 시간 정도 걸렸다. 사실
고속철도만 건설되면 한두 시간에 도착할 수 있는 거리를 아침 7시 40분
에 차를 타고 나서서 저녁 5시경에야 도착하다니…. 현재는 인구밀도가
낮아 가능성은 적지만 북한 경제가 활성화되고 교류가 활발해져 만약
북한 평양에서 원산을 거쳐 나진, 하산, 블라디보스토크까지 고속철도

단동 전경

가 건설된다면 훈춘 호텔 사장이 소망하듯 이곳이 '황금의 삼각주'가 될 가능성이 농후하다.

단동과 북한

남북문제 이슈만 생기면 리포터들이 단골로 배경을 삼아 뉴스를 전하는 장소가 있다. 그곳은 바로 6·25 때 중공군의 개입을 막기 위한 미군의 폭격으로 끊어진 압록강 철교이다. 단동 쪽 압록강 철교 맞은편에 신의주가 바로 보인다. 단동의 옛 이름은 안동이다. 안동은 당나라가 고구려를 멸망시키고 설치한 안동도호부에서 유래한 이름으로 중국 입장에서 동쪽(한반도)을 평안하게 하는 고을이라는 의미를 갖고 있어 북한으로서는 편치 않은 이름이었을 것이다. 이에 북중 관계가 한참 좋았던 1964년 베트남 방문길에 오른 김일성 주석이 중국에서 모택동 주석에게 요청해서 편안 안(安)자를 붉을 단(丹)으로 바꾸어 '중국과 북한이 동방을

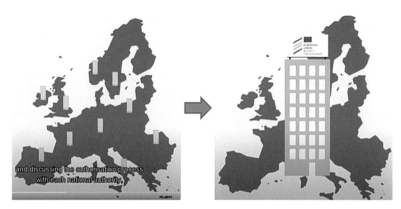

ERA(EU철도국) 창립 의미(운영 주체가 각국의 철도국에서 ERA로 전환되어 유럽 내 철도 운행이 통일됐다.
출처: 진장원, 남북중 국제고속철도에 관한 오해와 진실, 한일 해저터널과 남북고속철도 토론회, 여의도 이룸센터, 2021.3.8

들어냈을까? 그 이야기는 1985년 쉥겐(Schengen)조약으로 거슬러 올라
간다. 1985년 독일, 프랑스와 국경을 함께 하고 있는 룩셈부르크의 쉥겐
이라는 작은 마을에서 독일, 프랑스, 베네룩스 3국(벨기에, 네덜란드, 룩
셈부르크)의 외무장관들이 모여 쉥겐조약에 서명을 했다. 조약의 주된
내용은 5개국의 상호번영을 위해 5년 후인 1990년부터 국경검사소를 철
폐하는 등 국경 통과를 자유롭게 하여 상호 간 교역을 증진시키자는 것
이었다.

　1991년 이를 위해 국가 간 철도 운행을 통일시키기 위한 기술사양
서(TSI: Technical Specification for the Interoperability)에 대한 논의
가 시작되었고 1993년 유럽 통합 운영을 위한 유럽철도의 최상위 기술
적인 사양서로서 TSI가 정의됐다. 1995년에는 유럽 철도교통관리시스
템(ERTMS: European Rail Traffic Management System)을 국제 표준
에 맞춰 만들어가기로 합의했다. 이것은 오늘날 철도산업계에 있어 매
우 중요한 기점이 됐다. 즉, 26년 전 유럽 국가들이 결의했던 대로 지
금은 ERTMS가 세계 표준이 되었기 때문이다. 현대적인 디지털 철도

코펜하겐 철도산업 관련자 협력 플랫폼 창설 회의
출처: ERA 홈페이지

시스템의 근간이 되는 ERTMS는 크게 두 종류로 구성이 되는데 하나는 유럽 열차제어시스템(ETCS: European Train Control System)이고 또 하나는 유럽철도통신시스템인 GSM-R(Global System for Mobile Communication Railway)이다. 일반적으로 철도기반시설이 완성된 후 철도를 운행할 때 가장 중요한 두 분야가 철도제어와 통신인데 이를 위해 EU는 ERTMS를 통일시킨 것이다. 2002년에는 드디어 TSI가 채택이 되었고 2005년에는 이탈리아와 스페인 구간에 ERTMS를 이용한 첫 번째 상업노선이 운영되기 시작했다. 그리고 이런 운영을 EU전체 차원에서 관장하기 위해 이듬해인 2006년 EU철도국(ERA : European Railway Agency)가 창립되었고 2008년 TSI가 EU의 법률(2008/57/EC)로 제정됐다.

그리고 드디어 2012년 덴마크 코펜하겐에서 EU의 모든 철도산업 관련자들이 모여 협력 플랫폼을 만들고 2033년까지 EU 내 국가 간 철도운영시스템을 ETCS 레벨 2에 맞춰 확장하기로 하는 협정을 체결했다. 그리고 그 계획에 따라 2018년에는 스위스에, 2022년에는 덴마크에 완전

신의주에서 단동으로 들어가려는 차량이 늘어서 있다.

계산이 끝나면 그야말로 '거침없이 하이킥'이다. 우리는 이런 사실을 잘 모르는 것 같다. 단동도 그렇고 앞 절에서 소개한 훈춘도 그렇듯이 중국은 언젠가 단동도, 훈춘도 북한뿐만 아니라 남한과도 밀접하게 교류할 것으로 예상하며 미리부터 치밀하게 준비하고 있는 중이다. 우리 일행은 선양남역에서 고속철도를 갈아타면서 선양남역의 규모에 깜짝 놀랐다. 현재 이용하고 있는 승객들의 규모와는 비교도 안 되게 큰 규모로 지어 놓은 것이었다. 우리는 열띤 토론 끝에 그 이유를 추정했는데 그건 바로 향후 남한에서 올라오는 국제고속철도 여객수요까지 감안했을 가능성이 크다고 결론 내렸다.

우리 정부도 이런 중국 정부의 미래를 내다보는 정책을 본받을 필요가 있다. UN제재 하에서도 남북중 국제고속철도를 운행하기 위해 우리가 해야 할 일이 얼마나 많은가? 하늘이 기회를 주신다 할지라도 준비되지 않은 자들은 당황하고 심지어 그 기회를 잃어버릴 수도 있다. 부디 정부와 국민이 마음을 모아 동아시아 국제고속철도 시대를 준비할 수 있기를 바란다.

신압록강 대교

선양남역의 전경: 현재 손님에 비해 턱없이 크다

제3절 ————————————
서쪽 끝에서 만난 고속철도

베이징에서 우루무치로 가는 길

2014년 11월 16일 중국 언론은 란저우~우루무치를 잇는 란신철도의 우루무치~하미 구간이 정식으로 개통됐음을 보도하며 "2014년 말에는 하미~란저우 구간, 2017년에 우루무치~베이징 고속철도가 개통된다"고 알렸다. 이 우루무치~하미 구간의 고속철도는 신장자치구 최초의 고속철도 노선이었다. 우루무치~하미 간 530km의 철도 구간이 시속 200km로 운행돼 기존에 5시간이 걸리던 운행 시간이 3시간으로 단축됐다.

이 고속철도 노선의 개통은 1999년 6월 17일 산시성 시안에서 거행된 '서부 5개 성(省) 국유기업 개혁과 발전 좌담회' 석상에서 장쩌민 주석이 중서부 지역 발전 가속화를 당과 국가의 중대 전략임무로 삼아야 할 것이라고 강조한 '시안강화' 이후 약 15년 후에 완공된 서부지역 고속철도였다. 장쩌민의 서부개발 정책에서 서부지역이란 산시성(陝西省), 간쑤성(甘肅省), 닝샤후이족자치구(寧夏回族自治區), 칭하이성(青海省), 신장위구르자치구(新疆維吾爾自治區), 쓰촨성(四川省), 충칭시(重慶市), 윈난성(云南省), 구이저우성(貴州省), 서장자치구(西藏自治區) 등 10개의 성·자치구·직할시를 말한다. 이곳은 중국 전체 면적의 56.8%에 이르

중국 지역 구분

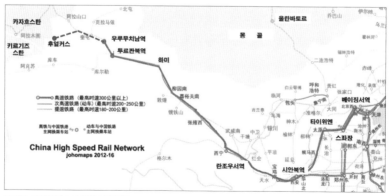

베이징~우루무치 고속철도 이동 경로

는 광대한 지역이지만, 거주 인구는 2억 8,500만 명으로 전체 인구의 23%밖에 되지 않는다. 특히 전체 소수민족의 80%가 이 지역에 거주하고 있으며, 경제적으로 매우 낙후되어 국내 총생산(GDP)은 중국 전체의 15%에 불과하다. 지리적으로는 대부분 산악과 사막지형이지만, 지하에 막대한 석유와 천연가스 등이 매장돼 있다. 동부지역과 비교해 풍부한 자원과 노동력, 저렴한 투자비용, 광활한 시장 등의 강점을 지니고 있으나 경제는 매우 낙후되어 있는 지역이다.

우루무치 고속철도 열차 내부

2018년 7월 말 여름방학을 이용해 자비출장으로 서부대개발의 발전축이 되는 베이징~우루무치 고속철도와 중국 카자흐스탄의 국경무역지대를 연구하려고 길을 나섰다. 란저우~우루무치를 잇는 란신 구간 1,776km, 베이징에서 란저우까지 1,784km 등 총 3,560km를 고속철도로 이동하는 대장정이었다. 예전에 고속철도가 개통되기 전에는 60시간, 꼬박 이틀 반이 걸리던 거리였지만 내가 탄 고속열차는 같은 거리를 26시간 만에 달렸다. 참으로 획기적인 변화였다. 앞으로 아직 완공되지 못한 구간까지 완성되면 16시간이 걸린다니 정말 천지개벽할 수준이다.

고속철도지만 장거리용이어서 모두 침대칸으로 만들어진 열차였다. '내 인생에서 가장 긴 고속철도 여행을 하겠구나'란 부푼 꿈을 안고 열차에 탑승했지만 이 꿈은 얼마 가지 못해 산산조각이 났다. 열차 내부는 3층 침대 구조였고 내 맞은편 침대칸에는 위구르족으로 보이는 남학생 두 명이 있었는데 아마도 여름방학이 되어 고향으로 돌아가는 모양이었다. 얼마 있다가 차장이 차표 검사를 하며 이 남학생들에게 "왜 가느냐, 어디로 가느냐" 꼬치꼬치 캐물었다. 내게도 묻기에 "관광차 우루무치에 간다"고 대답해주었다. 그렇게 다 끝난 줄 알았는데 차표 검사 후 한 시간쯤 뒤에 차장이 공안을 데리고 내게 다시 왔다. 공안은 내 여권의 비자 등을 보며 "우루무치에 왜 가느냐"며 여러 사항들을 상세히 물었다. 몇 년 전에 있었던 위구르족 소요 사태 이후 외국인이 신장 지방에 가는 것이 어렵다고 하더니 정말 그런 모양인가보다 생각하며 답변을 성실히 해주었더니 공안은 내 여권 여기저기를 사진으로 찍고는 돌아갔다. 이제 다 끝났는가 싶어 마음 편히 차창 밖 구경도 하고 점심으로 컵라면도 끓여 먹고 있었는데 두세 시간쯤 뒤에 공안이 다급히 달려오더니 내 여권을 다시 한 번 보자는 것이었다. 그러면서 석 달 전 훈춘에서 하산으로 넘어갈 때 받았던 훈춘 세관 출국 도장이 있는 페이지를 보여주며 "당신 석 달 전에는 훈춘에 갔는데 이제 우루무치에는 왜 가느냐?"고 묻는 것이었다. 가만히 생각해보니 오해할 만도 싶었다. 중국 당국자 입장에서는 어떤 외국인이 4월에는 베이징으로 입국해서 동쪽 국경 훈춘에서 러시아로 넘어가더니 다시 7월에는 중국 서쪽 끝인 우루무치를 가는 것이 범상치 않아 보일 법도 했다. 나는 아무것도 아닌 평범한 시민이었지만 자칫하면 스파이로 오해받고 취조를 당할 수도 있다는 생각에 겁이 덜컥 나서 안전보장용으로 양기대 의원과 우리 학과 학과장에게 카톡을 보냈다. "저는 7월 29일 현재 베이징남역에서 고속열차 XX호 침대칸 좌석을 타고 우루무치남역에 내일 오후 4시경 도착 예정입니다. 만일 제가 내일 밤까지 다시 카톡을 보내지 않으면 실종신고하고 즉각 저를 찾아주십시오." 열차 안에서 공안이 내 얼굴 사진을 여러 장 찍어가서 걱정했는데, 다행히 우루무치역에서 아무도 나를 잡지 않았고 무사히 예약한 호텔에 체크인할 수 있었다. 혹자는 "너무 지나친 엄살 아니냐"고 반문할 수도 있겠지만 대체로 대륙철도를 연구하는 국내외 연구자들은 이런 얘기를 하면 금방 어떤 의미인지 공감을 한다. 그들도 대륙철도를 연구하러 돌아다니다 이런 일을 왕왕 경험하기 때문이다. 어떤 분들은 "뭐하러 그렇게까지 극성스럽게 다니느냐"고 묻는 분들도 있다. 하지만 교통이라는 학문은 그야말로 현장을 보고 연구하는 것과 보지 않고 지도상에서만 연구하는 것과는 얻어지는 인사이트가 너무나 차이가 나는 학문이다. 그래서 다소 긴장되고 피곤해도 실제로 가서 눈으로 보고 몸으로 겪어 보는 것이다.

아무튼 란저우에서 우루무치로 가는 타클라마칸 광야지대에서 펼쳐진 풍경은 정말 놀라웠다. 예전에는 아무짝에도 쓸모없던 황야에 끝도 없이 태양광 패널과 풍력발전소가 들어서 버려지는 태양빛과 지나가는 바람을 모두 전기에너지로 바꾸고 있었다. 이 허허벌판 사막에 시속 200km로 달리는 고속철도를 깔고 운행하고 있는 것만 해도 감탄할

끝도 없이 펼쳐진 타클라마칸 광야의 풍력 발전기들

지경인데 그 철길 좌우로 한참 동안은 태양광 패널만, 또 한참은 풍력 발전기만 보이니 이곳에서 생산되는 전기량이 얼마나 될지 짐작도 안 됐다. 과거에 만리장성을 쌓고 운하를 건설했던 중국의 거대한 토목공사 역량이 다시 중흥기를 맞아 21세기 중국 전역에서 펼쳐지고 있는 것이다. 이런 중국의 고속철도 굴기 현장을 보면서 속히 북한에도 남북중 국제고속철도가 건설되어 서울에서 베이징까지 와서 다시 우루무치행 열차를 타도 공안이 이상하게 생각하지 않는 행복한 그 날이 오기를 고대한다.

우루무치 단상

우루무치는 신장자치구의 수도다. 신장위구르 지역은 중앙아시아와 페르시아로 통하던 실크로드의 요지였으나, 알타이, 톈산, 쿤룬산맥과 세계에서 2번째로 큰 사막인 타클라마칸 사막 등 대부분이 황무지로 이루어진 황폐한 땅이다. 중국 전체 면적의 6분에 1에 달하며, 한국의 15

위구르족 민속공연 모습(우루무치전통민속시장)

배나 되는 넓은 지역에 사막의 오아시스를 중심으로 13개 주요 민족으로 구성된 1,800만 명의 인구가 살고 있다. 그중 위구르족은 통계상 800만 명으로 알려져 있으나 중국의 산아제한 정책으로 인해 통계에 들어가지 않은 사람까지 합하면 1,100만 명 정도일 것으로 추정된다.

이들은 흉노와 투르크(돌궐)계 민족의 후손으로 8세기 중엽, 지금의 몽골 땅에 위구르 제국을 건설하고 100여 년 동안 스텝지역을 통치하며 당나라를 위협하던 세력이었다. 하지만 제국이 붕괴하면서 현재의 신장지역으로 이주했고 농업과 목축업을 위주로 생활하면서 투르크족 중 가장 먼저 정착했다. 그 후 통일된 왕국을 세우지 못한 채 13세기 중엽 이후에는 몽골제국의 지배를 받았고 18세기 중엽 청나라에 예속됐다. 1944년에 위구르족은 독립을 선언, '동투르키스탄 공화국'을 수립했으나 1949년 중국 공산정부 수립 이후 다시 중국에 예속되어 오늘에까지 이르는 영욕의 역사를 갖고 있다. 이들은 8~12세기 사이 투르크족이 서진할 때 이슬람화되었다. 그들이 바다 끝까지 가서 비잔틴 제국을 멸망시키고 세운 나라가 터키다. 위구르어는 몽골어, 만주퉁구스어, 한국어, 일본어와 함께 알타이어족에 속하는 투르크어여서 우리말과 어순이 같아 상대적으로 배우기 쉽다. 현재 미국이 중국의 인권 문제로 비중 있게 다루는 위구르족 문제의 배경에 이러한 역사적 흐름이 있는 것이다. 이들은 노래와 춤을 좋아하고 낯선 손님을 환대하는 것을 당연시한다. 남자들은 자존심이 강하고 북방 민족답게 기질이 억세다. 지금도 유목 민족의 기질이 남아 남자들은 일반적으로 칼을 소지하고 다닌다. 그래서 2009년, 2014년 한족과 대규모 충돌이 있었을 때 칼로 한족을 많이 살상한 것으로 알려져 있다.

개인적으로 우루무치는 14년 만에 방문했다. 2006년 중국에 초빙교수로 와 있었을 때 우루무치를 방문한 적이 있었는데 그때보다 훨씬 더 도시가 커지고 번화해졌지만 분위기는 뭔가 달랐다. 2009년 우루무치 폭동사건 이후 위구르 지역에 대한 중국 정부의 통제가 엄격하다는 것은 뉴스 매체를 통해 듣고 있었지만 소요 방지를 위해 간이 파출소가 버스 정류장마다 세워져 있고 곳곳에 무장 경관들이 순찰을 돌고 있어 그 자체만으로도 왠지 그냥 위축됐다. 14년 전 내가 느꼈던 자유롭고 왁자지껄한 우루무치의 분위기는 거의 없어진 느낌이었다. 무엇보다도 서양인 관광객들의 숫자가 눈에 띄게 줄었다. 예전에는 시내를 걷다 보면 실크로드 관광을 온 서양인들이 심심치 않게 눈에 띄었었는데 이제 서양인들은 거의 볼 수가 없었다.

예전 기억을 되살려 우루무치 전통시장에 나가 봤더니 마침 전통 공연이 열리고 있었다. 거기에는 그나마 한족 관광객이 많이 있어서 관광지 분위기가 났지만 현지인들은 박제된 것 같은 느낌이 들었다. 예전에 이곳 우루무치 전통시장은 우리나라 남대문 시장처럼 없는 것 없이 물건도 많고 위구르족, 한족들이 어우러져 시끌벅적하고 생기가 넘치던 곳이었다. 멋도 모르고 100위안짜리 빨간색 지폐를 꺼내면 당장 소매치기들이 따라붙었던 끈끈한(?) 인간적인 장터였는데 이번에는 시장 곳곳에도 무장 공안들이 순찰을 돌고 있어 위구르 상황의 엄중함을 볼 수 있었다. 사실 중국 정부로서도 이곳 신장 지역이 이슬람 세력과 중국 공산주의 세력이 첨예하게 충돌하고 있는 곳이기 때문에 골치 아파하며 결사 방어하고 있는 것이다. 신장과 국경을 맞대고 있는 나라들이 파키스탄, 카자흐스탄, 키르기즈스탄 등 이슬람 국가들이기 때문에 이념적 측면에서 이곳이 이슬람 세력에게 뚫리는 순간 중국 전역이 뚫릴 수도 있다는 긴장이 있을 것이다. 새뮤얼 헌팅턴이 얘기했던 문명의 충돌이 일어나는 현장일 수 있다. 나 같은 외국인의 입장에서는 어떤 식으로든 이런 상황들이 잘 정리되어서 이곳이 예전과 같은 위구르민족의 분위기가

라그멘   고기만두와 양꼬치구이

물씬 나는 평화롭고 자유가 넘치는 도시로 다시 돌아가기만을 기원할 뿐이다.

위구르민족의 전통음식 중 라그멘이 있다. 일설에 의하면 이곳을 거쳐 간 마르코 폴로가 베네치아에 라그멘을 전한 것이 오늘날의 스파게티가 되었고, 위구르식 빈대떡이 피자가 됐다고 한다. 또 이곳은 목양이 주산업이기 때문에 신선한 양고기로 구운 양꼬치구이가 일품이다. 그리고 시장에 나가면 정말로 많은 종류의 견과류가 진열되어 있다. 나는 이곳에 와서 호두 종류가 진짜 많다는 것과 피스타치오 등 견과류 종류가 참으로 다양하다는 것을 처음 알았다. 다시 한 번 신장지역이 동양과 서양의 문화와 문물이 평화롭게 교류되는 곳으로 우뚝 서기를 간절히 바랄 뿐이다.

사막에 생겨난 훠얼궈스 국제통상구

사실 이번에 14년 만에 우루무치를 방문한 목적은 우루무치보다도 훠얼궈스역과 알라산코역을 보기 위함이었다. 하지만 훠얼궈스에서 알라산코로 직결되는 철도가 없어 훠얼궈스와 알라산코를 동시에 가보는 것은 일정상 너무 힘들어서 이번에는 그냥 새로 부상하고 있는 훠얼궈스만 견학하기로 했다. 우루무치역에서 기차를 타고 저녁 10시에 떠나면 다음 날 아침 8시 훠얼궈스역에 도착한다. 훈춘이 중국 동쪽의 끝에 있다면 훠얼궈스는 중국 서쪽의 끝에 있는 국경도시다.

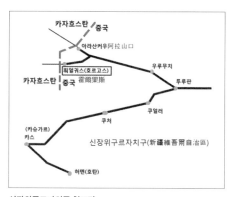

신장위구르자치구 철도망
출처: 중국철도동호회 홈페이지

서쪽 변방의 버려진 땅 훠얼궈스가 번영하게 된 원동력은 교통 인프라의 확장에 있다. 중국 정부는 60억 위안(1조 200억 원)을

훠얼궈스행 기차: 2층 침대열차

투자해 2009년 12월에 철도를 개통했다. 이로써 우루무치에서 훠얼궈스까지 총 연장 687km의 철로가 모두 완성된 것이다. 이게 무슨 얘기인지 감이 잡히시는가? 우루무치가 중국의 서쪽 끝인데 다시 그 서쪽 끝에서 약 700km를 오면 그제야 진짜 서쪽 국경에 도달하는 것이니 중국 영토의 광대함을 짐작해볼 수 있다. 2013년 5월에는 우루무치에서 훠얼궈스까지 654km의 고속도로도 개통했다. 이는 장수성에서 렌윈강까지 이

훠얼궈스역: 국제·국내여객 공용 입구 안내표지가 있음(카자흐스탄 행 국제열차 출발역임)

훠얼궈스 세관 입구

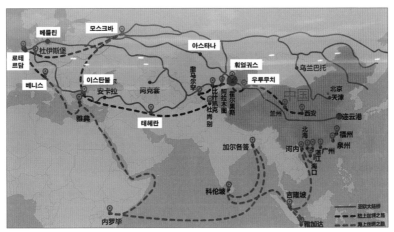

유라시아랜드브리지로서 훠얼궈스의 비전

출처: 훠얼궈스 시내 시정홍보 게시판

어지는 훠얼궈스 고속도로의 마지막 난코스였다. 고속도로의 총연장은 1,395km에 달한다. 잘 닦여진 교통망 덕분에 훠얼궈스는 중국 상품을 중앙아시아로 수출하는 전진기지가 됐다. 우루무치와 훠얼궈스 사이를 오고 가는 화물량은 철도와 도로를 통해 각각 9,000만 톤에 달한다. 그 중 4,119만 톤이 국경을 넘어 카자흐스탄으로 수출됐다. 훠얼궈스 방문자들도 2018년 228만 명으로 전년 대비 25%나 증가했다.

기차를 타고 훠얼궈스로 가던 중 한밤중에 귀가 아파 깼다. 어딘가 하고 차창 밖을 보니 달빛을 받아 반짝이고 있는 눈 쌓인 거대한 산줄기가 보였고 열차는 힘겹게 그 산등성이를 넘고 있었다. 차창에서 바라보이는 이 산줄기가 바로 톈산산맥이었다. 뭔가 표현 못할 경이로움으로 쭈뼛 소름이 돋았다. 먼발치에서만 보았던 만년설이 쌓인 톈산산맥을 기차로 넘어가고 있는 것이다.

훠얼궈스역에는 아침 동이 틀 무렵 도착했다. 아침 일찍 호텔을 찾아갔는데도 고맙게도 이른 체크인을 해주어서 잠시 쉬었다가 훠얼궈스 국

훠얼궈스 국제통상자유구역

제 통상구로 향했다. 잘 모르고 예약한 호텔이었는데도 다행히 호텔이
훠얼궈스 국제 통상구 근처에 있어서 찾아가기가 편했다. 2016년 4월 8
일 상하이 협력 기구(SOC: shanghai cooperation organization) 협정의
시범지역으로서 훠얼궈스 국제 변경합작센터가 민관합작투자(PPP) 방
식으로 계약, 추진되었다. 이에 따라 중국과 카자흐스탄 정부는 이곳에
국제 통상구를 설치했다. 중국과 카자흐스탄 쪽에서 접근하여 누구든지
방문할 수 있다. 투자기업에 대해 최대 10년간 토지 사용료 면제, 세제
지원 부여, 각각의 국민은 30일간 무비자로 상호 출입국 가능, 관광객 한
사람 당 1,500유로와 50kg 미만까지 면세 등의 혜택을 주고 있다.

통상구 담 밖에서 보니 안쪽에는 상당히 큰 규모의 쇼핑센터, 컨벤션
센터 등이 있었다. 전통적으로 신장 지역에서 카자흐스탄을 넘어가는
국경은 알라산코였지만 알라산코 세관이 포화되어, 남쪽의 훠얼궈스 세
관을 활성화시키고 있는 것이다. 훠얼궈스 길거리에는 일대일로 가운데
유라시아랜드브리지의 거점으로서 훠얼궈스의 비전을 보여주는 지도가
여기저기 붙어있다.

이렇듯 유라시아랜드브리지의 혜택을 보기 위해서는 지자체가 가만히 앉아 있어서는 안 된다. 모든 도시가 경쟁체제 속에 있음을 알아야 한다. 지자체장이 어떤 비전을 갖고 어떤 준비를 하느냐에 따라 북한이 열릴 때 지자체 발전의 명암이 갈릴 것이다.

북한을 넘어가는 철도역과 멀지 않은 곳에 휘얼귀스처럼 남북이 공동으로 이용할 수 있는 국제 자유무역 통상구를 설치할 필요가 있다. 북한이 조금 더 자유로워지고 경제 수준이 올라갈 때 도라산역이나 제진역 근처 휴전선에 남북 국제 자유무역 통상구를 설치하면 남북한 주민 및 세계 각처에서 온 관광객들이 자유롭게 쇼핑과 숙박을 하는 등 또 다른 관광명소가 될 수 있을 것이다. 이런 모든 출발이 남북중 국제고속철도 건설에서 시작되리라.

휘얼귀스에서 만난 한국 음식점

한국을 떠나온 지 일주일을 넘어서니 한국 음식 생각이 간절했다. 그런데 휘얼귀스를 돌아다니다가 우연히 한국말로 '오두막'이라고 적혀 있는 한국 식당을 발견했다. 우루무치에서도 700여km나 떨어진 이 오지에 한국 음식점이라니…. 마치 사막에서 오아시스를 만난 기분이었다. 아직 저녁 식사를 하기는 이른 시간이었지만 반가운 마음에 열일 제쳐놓고 식당 안으로 들어갔다. 밖에 '연변 한식'이라고 쓰여 있어서 중국 동포가 운영하는 식당인 것 같아 주문받는 아주머니에게 한국말로 주문을 했는데 모르는 척(?)했다. 외모로 볼 때 중국 동포라는 생각이 들었지만 중국 동포인 척하지 않고 중국어로만 주문을 받기에 더 이상 묻지는 않았다.

하지만 음식은 영락없는 연변 음식이었다. 된장국과 탕수육을 시켜서 먹었는데 정말 꿀맛이었다. 아무리 같은 중국이라 해도 중국의 동쪽 끝 옌볜에서 서쪽 끝 휘얼궈스까지 와서 식당을 하는 것이 결코 쉽지 않으리라. 세계 여기저기를 여행하다 보면 한국 식당, 한국 민박집이 없는 나라가 거의 없다. 우리 민족이 구한말부터 디아스포라가 되었는데 그후에도 여전히 우리 민족은 전 세계 곳곳으로 흩어져 피곤한 삶을 살아가고 있는 것이 아닐까 생각하니 아련한 마음이 들었다.

휘얼궈스 역시 위구르족 문제 때문인지 아니면 국경지대여서인지 길거리의 경찰 경비가 삼엄했고 마음대로 돌아다니기가 쉽지 않았다. 마음 같아서는 국경 세관을 통과해 국제 자유무역 통상구 안까지 구경하고 싶었지만 베이징에서 우루무치까지 오는 기차 안에서 겪은 일 때문에 너무 '용감한' 일은 벌이지 않기로 작정했다. 그냥 세관 건물 앞에서 사진만 찍고 돌아왔다.

휘얼궈스를 둘러보며 하루라도 빨리 남북 관계가 개선되어 비무장지대 곳곳에 이런 국경 도시가 만들어지고 자유무역 통상구가 설치되어 남북한 주민들뿐만 아니라 전 세계에서 온 관광객들이 자유롭게 관광하고 쇼핑을 할 수 있다면 얼마나 좋겠냐는 생각을 하게 되었다. 이것이 멀지 않은 장래에 실현될 수 있기를 간절히 소망한다.

투루판: 손오공의 땅 화염산

16세기 명나라 시대에 나온 소설인 서유기를 보면 삼장법사 일행은 서역에서 거대한 화염산을 만나게 된다. 이때 손오공이 나찰녀로부터 파초선을 빼앗아 불을 끄고 통과하는 데 배경이 되는 곳이 바로 이 화염

중국의 서쪽 끝 훠얼궈스에서 만난 한국 음식점

산이다. 우루무치역
에서 고속열차를 타
고 1시간 못 되게 이
동하면 화염산이 있
는 투루판에 도착한
다. 예전에는 우루무
치에서 큰마음을 먹

오두막에서 시킨 된장국과 탕수육

어야 투루판에 갈 수 있었는데 고속철도가 생기니 단 1시간 만에 도착할
수 있었다. 투루판 가는 기차 안에서 중국인 부부와 이런저런 말을 하게
됐다. 들어 보니 이분들은 기차를 타고 하얼빈에서부터 왔다고 했다. 이
렇게 광활한 대륙을 마음대로 돌아다닐 수 있는 중국 사람들이 부러웠
다. 이들 부부와 아예 투루판역 앞에서 택시를 전세 내서 택시비는 n분
의 1로 하기로 하고 택시를 타고 화염산으로 향했다.

화염산을 실제로 보니 붉은 암석으로 이루어진 산 절벽에 기묘하게
침식작용이 일어나 멀리서 보면 정말 불타고 있는 듯한 형상이었다. 입

화염산 입구: 뒤쪽에 화염산이 보인다.

구에는 손오공과 삼장법사 일행 동상이 있었다. 삼장법사 무릎과 옷자락은 사람들이 복을 빌며 하도 만져서 반질반질했다. 장사꾼들이 사막 지열과 태양열을 이용해서 구운 계란을 팔고 있었다. 광장 한가운데에는 대형 온도계가 서 있었는데 온도가 섭씨 60도를 가르키고 있었다. 하지만 건조한 기후 탓에 태양 볕 아래서는 땀이 줄줄 흐르지만 그늘에 들어가면 견딜만하게 덥다. 새로운 세계, 새로운 사람, 새로운 문화를 접하며 글과 말로만 듣던 것들을 실제로 체험할 수 있게 해주는 여행은 정말 좋은 것이다. 또한 교통수단의 발달은 이런 여행을 훨씬 더 폭넓게 해준다. 나의 일정상 아마 고속철도가 없었더라면 투루판 일정은 절대 꿈도 꾸지 못했을 텐데 중국 서쪽 끝 서역 땅(신장)까지 고속철도를 건설한 중국 당국에 감사한 마음을 품고 세계 불가사의 중 하나인 카레즈(사막의 수로)로 향했다.

섬씨 60도

화염산의 온도계: 60℃를 가르키고 있다.

텐산의 만년설

세계의 불가사의 카레즈

투루판의 포도는 세계에서 가장 맛있고 큰 포도라고 해도 과언이 아
닐 것이다. 이 투루판 포도를 재배하는 사막의 샘물이 카레즈다. 강수
량이 적은 사막에서 어떻게 포도 농사가 가능한지 궁금한 분들이 계시
리라. 그 비결은 바로 사진에서 보는 것과 같은 인공수로에 있다. 텐산
산맥에는 만년설이 있고 그 만년설은 봄이 되면 녹기 시작한다. 위구르
인들은 그 텐산 밑에서부터 자신들의 마을까지 지하에 인공수로를 파서
그 물을 끌고 와 농사도 짓고 생활용수로도 사용했다. 일종의 인공 오아
시스와 수로라고 할 수 있다. 이런 수로가 5,000km나 된다고 하니 과연
중국의 3대 불가사의라고 할 수 있다. 그런데 근래 지구온난화로 텐산의
만년설이 줄어들고, 무분별한 지하수 개발로 카레즈의 물이 말라가고

카레즈 구조: 멀리 톈산 산맥이 보이고 그 앞에 화염산이 있다. 이 화염산의 바위가 톈산에서 녹은 물을 저장하는 저수지 역할을 하는데 그 곳에서부터 마을까지 지하수로를 파서 관개한다.

있다니 안타까운 일이다.

이렇게 기온차이가 크고 일조량이 좋은 가운데 재배된 포도는 알이 엄청나게 클 뿐 아니라 당도가 설탕을 먹는 것 같이 달다. 신장은 포도 뿐만 아니라 견과류의 천국으로 알려져 있다. 나는 신장에 와서 건포도 종류가 그렇게 많은 줄 처음 알았다.

가수 안치환 씨가 "사람이 꽃보다 아름다워"라고 노래한 것처럼 사람은 정말 놀라운 존재임에 틀림없다. 이 불모의 땅에서 인공수로를 팔 생각을 하고 그걸 이용해 살아남은 인간의 창의성에 그저 "우와!"란 감탄사를 연발할 수밖에 없었다.

지금 중국의 동서남북 땅끝에서 그런 일이 벌어지고 있는 것이다. 예전에 12시간씩 걸리던 곳을 단 4시간에 주파할 수 있게 만들고, 이틀이나 걸리던 곳을 16시간에 갈 수 있도록 만들어 놓았다. 국토 공간의 효

포도원의 포도송이를 보라.

사암으로 이루어진 사막 밑에 수로를 파서 물도 증발되지 않게 하고 필요한 용수를 얻는데 이용하고 있다.

율화를 이루고 있는 것이다. 우리 한반도가 그 열매를 공유할 수 있는 길이 바로 남북중 국제고속철도 사업이다. 북한에 경의선고속철도만 만들어지면 남쪽에서 고속철도를 타고 북한을 경유하여 39,000km에 달하는 거대한 중국의 고속철도망에 편승할 수 있다. 그러면 우리도 하얼빈에서 왔던 부부처럼 베이징 등 어디서든 신장도 가고, 남쪽 쿤밍도 가고 홍콩도 갈 수 있다. 호랑이 등에 올라탄 여우 이야기가 기억나는가? 남북중 국제고속철도는 북한의 경제개발을 촉진시키는 것은 물론 중국 경제에도 유익하다. 남북중 국제고속철도가 만들어지면 중국은 더욱 많은 고속철도 승객을 유치해 철도 경영에 도움이 되고 관광수요도 훨씬 더 창출될 것이다. 이 얘기가 북한과 중국에만 해당된다고 생각하는가? 역으로 중국의 어마어마한 관광객이 북한에도 들어가고 남한에도 들어오게 될 것이다. 비행기보다 절반에서 3분의 2 정도 수준의 낮은 교통비는 더 많은 파생 관광객을 만들어낼 것이다. 이런 행복한 일이 남북중 세 나라에서만 일어날 것이라 생각하시는가? 이런 소문은 전 세계 관광객들의 흥미를 유발해서 마치 유레일패스 한 장을 갖고 유럽을 돌아다니듯 동아시아레일패스 한 장을 갖고 남한과 북한, 중국과 러시아를 자유롭게 돌아다닐 것이다. 그러한 일이 실제 일어날 때의 경제적·정치적 편익은 말로 표현할 수 없을 정도로 커질 수 있다.

이제 꿈에서 깨어나기 바란다. 북한에 고속철도를 건설하는 일은 북한을 위해서라기보다는 우선은 남한 경제를 위해서 시급한 일이다. 수지맞는 사업이다. 이 책을 읽는 독자들만이라도 우물 안 개구리의 식견에서 벗어나시길 간절히 소망한다.

동아시아 철도경제공동체와
남북중 국제고속철도

만저우리

하얼빈

평양

베이징

지난

칭저우

서울

부산

목포

우한

상하이

동아시아 철도경제공동체와
남북중 국제고속철도

동아시아 경제성장과 상호 의존성 증가

1970년 초 개방한 이후 지난 40여 년 동안 중국은 눈부신 경제성장을 이루어 냈다. 1980년대 이후 중국의 국내총생산액(GDP)은 연평균 9.8% 성장, 그야말로 고도성장을 구가해 왔다. 특히 그림에서 볼 수 있는 것과 같이 1992년부터는 경제성장률이 수직상승하기 시작했다. 그림에는 보이지 않지만 2006년 중국 GDP 총액은 21조 871억 위안 (약 3,584.8조원)으로 2005년보다 11.1% 증가했으며 2007년에는 24조 6,619억 위안으로 2006년 대비 11.4% 증가했다. 뿐만 아니라 이 시기에 중국만 성장한 것이 아니고 남한도 '한강의 기적'이라 불리며 그에 못지 않은 경제성장을 이루어 냈다. 양적인 성장뿐만 아니라 중국과 남한, 일본, 러시아, 몽골의 국가 간 상호 경제 의존도도 심화되어 왔다. 국가 간 경제적 의존도가 커진다는 것은 해당 국가 간 인적·물적 교류도 증가한다는 것을 의미한다. 그림에서 볼 수 있는 것처럼 우리나라는 미·중·러·일·몽골, 북한 등 6개 국가와의 교역 규모가 전체 교역액의 45%를 차지하고 있다. 일본, 러시아, 북한도 비슷한 정도로 의존되어 있다. 몽골은 전체 교역액의 89%가 동아시아 국가 간의 교역이기에 의존도가 가장 심

1978년부터 2004년까지 1인당 총생산액

출처: Shengchuan Zhao, Freight transportation and road development in China, 유라시아교통포럼 세미나발표자료, 2010.10

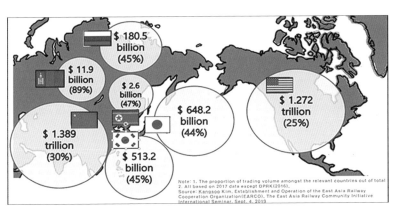

동아시아 국가들의 경제적 의존도 규모

하다고 볼 수 있다.

이 같은 상호 의존성 증가를 보여주는 단적인 예가 관광객들의 왕성한 교류다. 요즘은 서울의 명동 거리에서 중국인과 일본인 관광객들을 동시에 만나거나, 도쿄의 아키하바라 전자상가에서 한국인과 중국인 관광객들을, 베이징 왕푸징 거리에서 한국인, 일본인들을 함께 만나는 것은 매우 자연스러운 일상이 되었다. 이렇듯 동아시아 각국 사람들은 원하든 원하지 않든 상호의존적으로 살아갈 수밖에 없어졌다. 예컨대 한국, 일본, 중국 중 한 나라의 경제가 악화하면 연동된 다른 나라의 경제도 어려워진다. '함께 살고 함께 망하는' 시대가 되어버린 것이다.

몸으로 체험한 중국의 경제성장

내가 장황하게 2005년에서 2007년 중국의 GDP 성장률 이야기를 꺼낸 이유가 있다. 나는 2006년 일 년 동안 중국 칭화대학 토목공학부 초청으로 중국에 교환교수로 가 있었다. 칭화대학만의 초청을 받아서 간줄 알았는데, 알고 보니 중국 정부가 공식적으로 전문가로서 초청해줘 간 것이었다. 교통 분야 전문가로서 중국 최고의 수재들만 들어간다는 칭화대학에서 일 년 동안 머물 수 있었던 것은 개인적으로 미처 생각하지 못한 행운이었다. 학교에서 양해를 해줘 오전에는 한비야의 책 '중국 견문록'에 나오는 띠찌우춘(지구촌) 학원에서 중국어를 배우고 오후에는 학교 연구실로 출근을 했다. 숙소는 학원 바로 옆에 있는 동왕장이라는 아파트였는데 그 일대는 중국의 최고 대학인 칭화대, 베이징대, 인민대 등 종합대학이 몰려 있는 우다오코(五道口)대학가였다. 따라서 우다오코에는 한국 유학생들이 많았고 한국 음식점도 즐비했다. 한국 음식점의 음식값은 한국과 같거나 오히려 약간 비싸서 2006년 초반에 음식점에 가면 중국 손님은 거의 볼 수 없었다. 하지만 1년 뒤 2007년 초 우다오코 한국 음식점에서는 낯선 풍경을 만나게 됐다. 음식점 여기저기서 중국말이 들렸다. 1년 만에 중국인들은 소득이 늘어 그동안 비싼 가격 때문에 언감생심 올 생각을 못했던 한국 음식점을 찾을 수 있게 된 것이다. 그것은 중국 사람들이 꺼내는 지폐에서도 확연히 느낄 수 있었다. 2006년 1월 중국에 들어갔을 때 시골 상점에서 붉은색의 100위안짜리 지폐를 내면 주인이 내 얼굴을 다시 쳐다보며 위조지폐인지 아닌지 구별하기 위해 밝은 빛에 이리저리 비춰보기를 여러 번 했다. 베이징에서도 100위안짜리 지폐를 내는 중국 사람들은 만나기 쉽지 않았다. 하지만 불과 1년 뒤 2007년 1월 귀국할 즈음에는 여기저기서 100위안짜리 지폐를 내는 중국 사람들이 많아졌다. 그것을 보고 나는 연평균 11% 경제성장률의 힘이 무엇인지를 체감했었다. 전국 평균이 11%이니 아마도 내가 주로 활동했던 칭화대 근처의 경제성장률은 30~40% 수준이 되지 않았을까 싶다. 이런 고도성장을 20년 동안 했으니 김대중 대통령 시절에 한국과 중국을 이어주는 북한 철도의 효용성과 지금의 효용성은 비교가 안 되게 높아졌다는 점을 반드시 고려해야 한다.

북한: 동아시아 루트의 미싱 링크(Missing link)

그런데 문제가 생기기 시작했다. 동아시아 각국의 경제가 성장하고 의존성이 커질수록 사람과 물류의 이동이 더 빈번해지는 것은 자연스러운 현상이며 이들 인적·물적 이동은 가장 빠르고 경제적인 경로를 찾게 되어 있다. 그런데 동아시아의 남한과 중국, 일본, 러시아를 남북 방향으로 연결해줄 수 있는 직결 루트가 북한이라는 지리적 장벽에 막혀버린 것이다. 그림은 아시아 태평양지역의 국가별 GDP 규모를 나라별로 표시해 놓은 것이다. 동아시아에서 중국과 남한, 일본의 GDP 규모가 뚱뚱

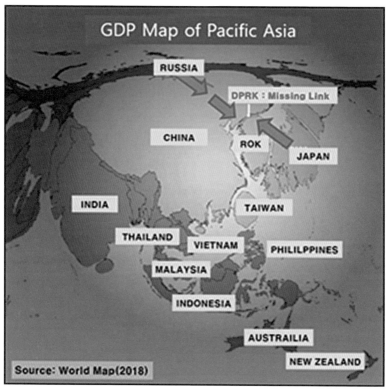

아시아 태평양 국가 GDP 크기

한 풍선처럼 부풀어 올라 있다. 따라서 이 나라들 사이에 남북방향 물류 이동이 빈번할 것은 자명한 사실인데 GDP 규모로는 그림에서 선으로 밖에 표시되지 않는 북한이 통행 장벽이 되어 버린 것이다. 북한을 직접 통과하면 훨씬 빠를 테지만 북한에서 길이 막혀있으니까 멀리 돌아가느 라 시간과 비용이 갑절로 들어간다. 예를 들면 인천공항에서 중국 동북 3성을 가려면 비행기를 타고 북경에서 환승해야 하며 인천~하얼빈 같은 직통 노선도 멀리 서해의 공해상으로 나갔다가 우회해서 가느라 1시간 이 더 걸린다. 서울에서 단둥까지 배로 들어갈 경우도 마찬가지다. 서울에서 인천항까지 나가서 배를 타고 20여 시간이나 걸려야 단동항에 들어갈 수 있다. 이 얼마나 비합리적인 일인가.

만약 북한철도를 이용해 남한에서 북한을 통과, 중국으로 들어갈 수 있다면 동아시아의 인적·물적 교류가 비약적으로 늘어날 것은 명약관화하다. 그래서 뜻있는 이들이 이 길을 뚫기 위해 애를 쓰고 있는 것이다.

안중근 의사와 동양평화론

일반적으로 '안중근 의사' 하면 하얼빈역에서 이토 히로부미를 암살하여 우리 민족의 독립의지를 세계만방에 알린 독립운동가로만 떠올리기 마련이다. 그런데 안중근 의사가 독립운동가이며 위대한 사상가였다는 것을 아는 사람은 많지 않은 것 같다. 1909년 10월 26일 이토를 저격한 지 불과 5개월 만에 속성 재판을 거쳐 1910년 3월 26일 교수형으로 생을 마감하신 까닭에 미완으로 남았지만 안 의사가 '동양평화론'이라는 저서에서 지극히 선구적인 동아시아 평화방법론을 주창하신 것을 아는가? 심지어 사형선고를 받고 항고를 하지 않은 이유 중 하나가 '동양평화론'의 집필에 전념하기 위해서였다고 알려져 있다.

안 의사는 한·중·일 동아시아의 평화를 유지하기 위해서는 동양평화회의체 구성이 필요하다고 주장했다. 동양평화회의체는 크게 정치, 금융, 안보분야의 협력을 통해 동아시아 국가들의 상생을 도모하는 것이 목표였다. 우선 안 의사는 군사, 안보적 측면에서 당시 러시아, 일본, 중국의 군대가 치열하게 다투었던 중국 뤼순(旅順)을 한국, 중국, 일본 3국이 공동으로 관리하는 군항으로 만들고 3국이 대표를 파견해 동양평화회의체를 조직할 것을 주장했다. 나아가 세 나라의 청년들로 군단을 편성하고 이들에게는 2개국 이상의 어학을 배우게 하여 우방 또는 형제의 관념이 향상되도록 함으로써 한·중·일 3국의 청년들이 서로 연대할 수 있는 기틀을 만들자고 제안했다. 특히 한·중·일이 실질적인 경제연합을 이룰 수 있도록 3국 공동으로 은행을 설립하고 공동 통화를 발행하자고도 제안했다.

이에 비해 이토 히로부미는 자신의 '동양평화론'에서 일본이 중심이 되어 동아시아에 서구 제국 세력에 맞서는 강력한 공동체를 만들어야 한다고 주장했고, 이것이 일제의 한국 침략의 논리적 근거가 되었다. 이에 따라 안 의사의 이토 암살은 단순한 적국 우두머리의 암살이 아니라 거짓된 동양평화론에 대한 참된 동양평화론의 심판의 성격이 강했다. 이 같은 사실은 안 의사가 밝힌 이토를 저격한 이유 열다섯 가지 중에 잘 나타난다.

안 의사가 이토 히로부미를 죽인 열다섯 가지 이유는 다음과 같다.

첫 번째, 명성황후를 시해한 죄

두 번째, 1905년 11월 한국을 일본의 보호국으로 만든 죄

세 번째, 1907년 정미7조약을 강제로 맺게 한 죄

네 번째, 고종황제를 폐위시킨 죄

다섯 번째, 군대를 해산시킨 죄

여섯 번째, 무고한 사람들을 학살한 죄

일곱 번째, 한국인의 권리를 박탈한 죄

여덟 번째, 한국의 교과서를 불태운 죄

아홉 번째, 한국인들을 신문에 기여하지 못하게 한 죄

열 번째, (제일은행) 은행지폐를 강제로 사용한 죄

열한 번째, 한국이 300만 영국 파운드의 빚을 지게 한 죄

열두 번째, 동양의 평화를 깨뜨린 죄

열세 번째, 한국에 대한 일본의 보호정책을 호도한 죄

열네 번째, 일본 천황의 아버지인 고메이 천황을 죽인 죄

열다섯 번째, 일본과 세계를 속인 죄

여기서 열두 번째, 열세 번째, 열다섯 번째가 동양평화와 관련된 내용이다. 이 같은 논리에 따라 안 의사는 법정에서 자신의 암살 시도는 테러가 아니라 동양평화를 위한 의거(의로운 거사)라고 주장했다. 만약 안 의사의 이 동양평화회의체 아이디어가 실현됐다면 오늘날 유럽 연합과 같은 지역 공동체가 이미 아시아에 출현했을 가능성이 높았다. 안 의사가 얼마나 선각자인지 알 수 있다.

김대중 대통령과 동아시아 공동체 구상

현대 역사에서 본격적으로 동아시아 공동체 개념을 주장한 이는 고 김대중 대통령이었다. 군부 독재의 압제를 이겨내고 대통령으로 취임한 김 대통령의 첫 번째 외교 정책은 일본과의 관계정상화였다. 그는 1998년 10월 일본을 방문해 오부치 게이조 총리와 공동선언을 발표했다. 오부치 총리는 식민지 지배로 인한 피해와 고통에 대한 반성과 사죄를 표하며 무라야마 담화를 계승했고, 김 대통령은 이를 일본 정부와 국민의 표현으로 받아들이며 21세기를 향한 새로운 한일 파트너십 구축 의지를 천명했다. 한편 '햇볕정책'의 도입으로 남북화해를 향한 결정적 전환을 이뤄 2000년 6·15 남북공동선언을 만들었다. 이후 김 대통령의 주선으로 2002년 9월 고이즈미 총리가 북한을 방문하면서 북일 정상회담과 평

양선언 서명이 실현됐다. 김 대통령은 동아시아에서 평화공동체를 구축하기 위해서는 남북한과 일본이 가장 핵심이 될 수밖에 없을 것이라고 생각, 북한과 일본과의 관계 개선에 정책의 최우선을 두었던 것이다.

북한과 일본과의 관계 개선과 동시에 아시아 평화공동체를 아세안으로 확장시키기 위한 노력도 지속됐다. 아세안+한중일 정상회의는 1997년 시작됐다. 김 대통령은 하노이에서 개최된 제2회 회의에서 '아시아 외환위기 극복을 위한 경제 협력 등을 목적으로 한 아시아 비전 그룹'을 제안, 각국 정상들로부터 호평을 받았다. 2001년 11월 말레이시아 쿠알라룸푸르에서 열린 제5차 회의에서 '동아시아 공동체를 향한 평화와 번영, 진보'라는 제목의 보고서가 나왔다. 동아시아의 범위가 구체적으로 명시된 것은 아니지만 문맥상 동남아, 한국, 북한, 중국, 일본을 지칭한 것으로 볼 수 있다. 협력의 의제로 경제통합을 점진적으로 추진함으로써 역내 국가들이 '동아시아 경제공동체가 되는 것'을 제안했다. 아마도 이러한 김 대통령의 '동아시아 공동체' 계획에 영감을 준 인사 중 한 명이 와다 하루키 전 도쿄대 교수였을 것이다. 와다 교수는 '동북아 공동생활주택과 한반도'라는 지시에서 동북아 공동체는 중국, 대만, 러시아, 남북한, 일본, 미국 등으로 이뤄진다면서 동북아 공동생활주택을 통해 공동의 안전보장, 공동성장, 공동환경보호, 공동생활보장 등을 추진해야 한다고 주장했다.

노무현 대통령과 동아시아 공동체 구상

2003년 2월 25일, 고 노무현 대통령은 취임 연설에서 첫 번째 정책 구상으로 동북아 공동 번영과 평화를 위한 방안으로서 또다시 동아시아 공동체를 제안했다. 그럼으로써 미·중·일의 과열 경쟁으로 다소 주춤했던 동아시아 공동체론이 다시 주목받기 시작했다. 그해 7월 노 대통령은 중국 칭화대 학생들을 대상으로 한 연설에서 동아시아 공동체에 해당하는 언급을 했다. 그는 연설을 통해 "동북아권이 형성되면 베이징의 학생들은 베이징에서 평양, 서울, 부산을 거쳐 도쿄로 이동할 수 있을 것"이라고 말했다. 이는 평화롭게 공동 번영하는 '동북아 시대'의 청사진이다. 당시 연설에서 동아시아 철도·경제·에너지 공동체에 대한 구체적인 단어는 없었지만 동아시아 블록의 성장 엔진으로서 철도 연결이 개념적으로 강조된 것을 볼 때 현재의 동아시아 철도·경제공동체와 일맥상통했던 것으로 보인다.

문재인 대통령과 동아시아 철도·경제·에너지 공동체

한국개발연구원(KDI)은 2010년 11월 서울에서 열린 주요 20개국(G20) 정상회의(2010 G-20 서울 정상회의)의 개최를 기해 '동아시아 통합전략: 성장-안정-연대의 공동체 구축'이라는 보고서를 내놓았다. 정치학자들이 참여한 이 연구는 동아시아 경제성장과 정치적 안정, 사회적 연대라는 삼각관계를 구축하는 방향으로 동아시아 국가들의 통합 가능성에 대해 언급한 것이었다. 그러나 당시 급속한 냉각기에 접어든 남북 간 정치 상황으로 인해 동아시아 공동체론이 국가정책으로 추진되기엔 무리였다.

2014년에는 한국교통연구원이 박근혜 정부의 '실크로드익스프레스(SRX)'를 주도적으로 연구했다. SRX이니셔티브는 철도를 유라시아 대륙의 경제교류를 위해 활용하고 에너지 분야에서 역내 국가 간 협력을 이끌어내겠다는 비전을 제시했다. 어떻게 보면 개념적인 동아시아 철도 공동체의 원형이 만들어졌다고도 볼 수 있을 것이다. 하지만 일부 정치적 이유로 '동아시아' 대신 '유라시아'라는 용어를 도입함으로써 실제적 공동체를 만들기에는 지역적 개념이 너무 추상화되어버렸다. 또한 SRX의 철도는 부산에서 동해안으로 나진, 하산을 이어 만주철도와 시베리아철도와 연결되는 것으로 주로 화물 수송에 방점을 뒀기 때문에 철도 공동체를 구성하는 것은 현실적으로 불가능한 상황이었다. 더 심각한 것은 SRX이니셔티브는 박근혜 정부의 북한과의 관계 악화로 구호에도 못 미치는 상황이 되어버렸다.

2017년 5월 10일 문재인 대통령은 취임하면서 '한반도 신 경제구상', '신 북방정책', '신 남방정책' 등 유라시아 대륙과 관련된 경제 부흥 구상을 발표했다. 하지만 북한의 계속된 핵실험과 미사일 발사로 남북관계는 여전히 경색된 상황이었다. 2017년 11월 한 세미나에서 중국 칭화대 리시광 교수는 '중국의 일대일로와 동북아 초경제권'이라는 제목의 논문을 발표했다. 그는 중국의 일대일로 경로 양 끝에 한반도와 터키, 파키스탄이 있다면서 동아시아 6개국의 초경제권 형성 가능성을 언급했다.

2018년 5월 28일 국회 세미나실에서 (사)유라시아평화철도포럼(EPRF)이 창립기념으로 '남북한·중국 국제고속철도 어떻게 준비할 것인가?'라는 흥미로운 세미나를 개최했다. EPRF는 양기대 의원과 뜻있는 사람들이 평생 유라시아 대륙철도 실현을 위해 헌신하기로 작정하고 만든 시민단체였다. 이때는 남북한이 평창 동계올림픽에 공동으로 참가한데 이어 2018년 4월 27일 판문점에서 문재인 대통령과 김정은 위원장의 남북정상회담이 성사되어 한반도 평화 분위기가 한껏 고조된 상황이었다. 게다가 우리가 세미나를 열기 이틀 전인 5월 26일에는 두 정상이 판문점 통일각에서 다시 정상회담을 여는 등 남북관계에 서광이 비치던

경향신문에 보도된 내용(2018년 5월 28일자 보도)

때였다.

이 세미나에서 양 의원은 남북중 국제고속철도가 갖는 지리적, 경제적 의미에 대해 발제했다. 나는 남한~북한 고속철도 건설 대안 검토와 추진 방안에 관한 발제를 했다. 세미나에는 의외로 많은 분들이 참석했고 우리가 발표한 내용은 여러 언론에 보도됐다.

양 의원과 내가 발표한 요지는 북한에 KTX광명~개성~신의주~단동을 잇는 고속철도만 놓인다면 KTX광명역에서 북경역까지 5시간, KTX광명역에서 하얼빈역까지 5시간 걸리는 명실상부한 동북아 1일 고속철도경제권이 형성될 수 있다는 것이었다. 사실 당시까지만 해도 "북한주민들의 소득 수준이 우리보다 훨씬 낮은데 무슨 고속철도냐"라며 비판하는 사람들도 많았다. 하지만 세미나 후에 양 의원은 김현미 국토교통부 장관, 윤영찬 청와대 홍보수석 등 관계자들을 찾아다니며 열심히 남북고속철도의 필요성에 대해 설파했다.

그런 가운데 놀라운 일이 벌어졌다. 약 석 달 뒤 8·15 광복절 축사에서 문 대통령이 '동아시아 철도·경제·에너지 공동체' 구상을 제안한 것이다. 우리가 제안했던 동북아 고속철도 경제권을 확장, 에너지 공동체까지 포괄한 더 진보된 대안이었다. 우리는 청와대에서 어떤 경로로 누가 이러한 제안을 구상하게 되었는지 구체적인 내막은 모른다. 하지만 분명한 것은 안중근 의사로부터 김대중, 노무현 대통령을 이어 문재인 대통령까지 동아시아 공동체를 주창함으로서 이 책에서 주장하는 동아시아 고속철도 경제권이 역사적, 민족적 소명이며 허황된 꿈이 아님을 입증하게 됐다는 사실이다.

동아시아 공동체를 둘러싼 미·중·일의 각축

사실 1998년 고 김대중 대통령이 '동아시아 공동체'를 제안했을 때 중국도 동아시아 공동체론에 매우 적극적이었다. 김 대통령이 제안한 아세안+한·중·일 협의체의 후속조치로서 2003년에는 중국에서 동아시아 싱크탱크 네트워크 창립총회가 열렸고, 사무국을 중국사회과학원에 두기로 했다. 일본 역시 이에 뒤질세라 2004년 5월 관민 단체인 일본 동아시아 공동체 협의회를 발속, 나카소네 전 총리가 회장으로 취임했다. 2005년 1월 고이즈미 총리는 의회 연설에서 "동아시아 공동체 건설에 적극 나서겠다"고 선언했지만 큰 장애물이 생겼다. '동아시아 공동체'에서 제외될 것을 우려한 미국이 동아시아 공동체에 강하게 반발한 것이었다. 미국의 아미티지 전 국무장관은 동아시아 공동체에 대해 공개적으로 반대 의사를 표명했다. (아사히 신문, 2005년 5월 1일자 보도) 아세안, 한국, 일본과 동아시아 공동체를 만들고자 했던 중국과 달리 일본 외무성은 인도, 호주, 뉴질랜드를 동아시아 공동체에 포함시켜야 한다고 주장하며 중국과 대립각을 세웠다. 그즈음, 북한의 핵실험으로 인해 애석하게도 동아시아 공동체론은 기운을 잃기 시작했다. 그러다 2009

년 50년 만에 정권 교체를 통해 집권한 일본 민주당 소속 하토야마 유키오 총리가 동아시아 공동체 구상을 적극 제안했다. 그는 미국 편중 외교로부터 자립해서 아시아 중시 외교로 발전시키겠다고 해서 눈길을 끌었다. 하지만 오바마 대통령이 미국도 아시아·태평양 국가라고 언급하며 동아시아 공동체 참여를 공개적으로 주장하기 시작했다. 이에 따라 2010년 7월 아세안 외교장관회의에서 미국과 러시아를 동아시아 정상회의에 참여시키기로 합의했다.

이렇듯 동아시아 공동체로의 길은 미·중·일 강대국들의 이해관계에 의해 그 구성이나 형태가 바뀌었고, 바뀔 수 있음을 알 수 있다. 특히 미국과 중국이 세계 초강대국의 자리를 놓고 패권 다툼을 하고 있는 최근에는 동아시아 공동체 구성은 더욱 어려워지고 있다. 따라서 우리나라가 조심스럽게 '평화주창자(Peace Maker)'로서 동아시아 공동체 구성 방안을 모색해야 할 필요가 있는 것이다.

남북중 국제고속철도의 가능성

한반도의 대동맥이 될 경의축

한반도의 철도 역사는 대한제국 시기인 1899년 9월 18일 개통된 경인선으로 시작됐다. 하지만 이후 주요 간선 노선은 일제를 비롯한 열강의 침탈 복적으로 건설되었다. 특히 1910년부터 1945년까지 일제 강점기에는 군사·정치적 목적으로 서울을 중심으로 X자형으로 철도 노

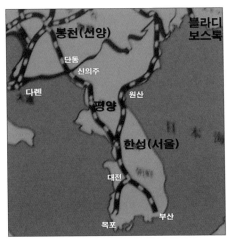

일제 강점기 때 X자형 철도망

선이 만들어진 슬픈 역사를 갖고 있다. 경부선은 1898년 미국이 추진했던 경부선 부설권을 일제가 인수하여 경부철도주식회사를 세우고, 1901년 미국의 건설 장비를 사들여 착공, 1905년 1월에 개통했다. 경의선은 프랑스 회사가 부설권을 얻었다가 한국인에게 넘어갔는데 일제가 러일

전쟁 때 부설하여 1906년 완공했다. 경의선은 불과 2년도 안 걸린, 그야말로 초스피드로 건설한 군사용 철도였다. 지금 사용되고 있는 서울에서 신의주까지의 철도가 그때 건설된 것으로 얼마나 열악한지 미리 짐작해볼 수 있다.

도라산역에 세워진 이정표

2018년 12월 실시된 북한 철도 공동조사에 참여한 분들의 얘기를 빌리면 평양에서 신의주 구간은 그나마 북한 당국이 꾸준히 관리를 해 시속 50km 정도로 달릴 수 있지만 개성에서 평양 구간은 시속 28~30km 정도밖에 달릴 수 없는 열악한 상태였다고 한다. 그런데 장마당이 활성화되고, 5·14조치 이후 시장경제 시스템이 들어가면서 북한 내 물류 이동수요가 늘어 어떤 모양으로든 경의선 회복 압력이 꾸준히 높아져 가고 있는 것으로 보인다.

도라산역에 가보면 이정표가 서 있다. 거기에는 '개성까지 18km, 평양까지 205km'라고 적혀 있다. 그 이정표를 볼 때마다 평양이 여기서 불과 205km밖에 안 된다는 사실에 깜짝깜짝 놀라곤 한다. 205km면 서울에서 대전 거리인데 자동차로는 2시간, 고속철도로는 1시간밖에 걸리지 않는다는 사실이 실감나지 않는다. 이 이정표에는 없지만 도라산에서 신의주까지의 거리가 380km이다. 고속철도를 타면 1시간 반이면 도착할 수 있다. 거기서 바로 앞 단동까지는 20여km에 불과하니 만일 중국 고속철도처럼 표정속도 300km, 논스톱으로 달린다면 도라산에서 단동역까지 불과 1시간 반이면 도착할 수 있다. 참으로 좁은 땅덩어리에 우리가 살고 있는 것이다. 그런데 이 짧은 길을 분단이 된 바람에 북경으로 돌아가든 배를 타고 가든 10시간~24시간을 걸려 가야하는 부조리함을 생각하면 그냥 한숨만 나온다.

사실 일반 사람들은 도라산역까지 와볼 기회가 적기 때문에 이런 남북 간 가까운 거리를 실감하지 못한 채 살고 있다. 그러나 만일 남북중 국제고속철도가 개통만 된다면 서울~평양~신의주를 잇는 경의축은 세계적 투자가 짐 로저스 씨가 예측한 대로 세계의 핫플레이스 중 하나가 될 것이다. 이런 상황을 외국 사람들이 더 잘 알고 있다는 것이 또한 아이러니하다.

2017년 양기대 시장이 KTX광명역에서 개성역을 거쳐 신의주역까지 고속철도 신설을 추진하기 위한 연구를 한다고 했을 때 프랑스 국영철도회사(SNCF) 관계자가 함께 사업을 하자고 접근한 적이 있다. 당시 UN제재가 진행 중이어서 미래가 불투명한 투자였음에도 불구하고 그들은 언젠가 경의축에 고속철도가 놓일 것이라고 믿고 있었고 그럴 경우 자기들도 투자를 하고 싶다고 했다. "북한이 돈이 없는데 무엇으로 공사대가를 받아가겠냐"고 묻자 그들은 "역 주변의 역세권 개발권을 가져가고 싶다"고 답했다.

만약 북한의 정치적 리스크만 헷지(위험 완화)될 수만 있다면 양적완화로 갈 곳 몰라 헤매는 전 세계의 유동자금이 남북철도 사업에 흘러들어 올 것이다. 짐 로저스 씨는 남북중 국제고속철도 사업을 위한 투자자를 모으면 자신도 투자하겠노라고 약속한 적이 있다. 경제성장동력이 사라진 요즘 북한은 몇 안 되는 미래의 황금 투자처이다. 그런데 '북한에 퍼주기'는 안 된다며 국론분열로 미루고 있는 사이 외국 자본이 북한과 손잡고 이 남북중 국제고속철도 사업권을 먼저 가져가기라도 한다면 우리 한반도의 철도주권이 100년 전처럼 다시 외국인에게 넘어가는 비극

이 벌어질 것이다. 더 늦어지기 전에 북한은 비핵화의 길을 통해 UN제재에서 벗어나고 남한은 속히 만반의 준비를 갖춰 경의축 부흥의 길로 들어서야겠다. 그게 북한 인민의 배도 따뜻하게 하고 남한의 건설 경기와 일자리도 창출할 수 있는 절호의 기회라는 것을 남북한 국민들이 깨닫기를 바랄 뿐이다.

평창 고속열차가 다 좋다던데

2016년 양기대 당시 광명 시장은 'KTX광명역을 유라시아 대륙철도의 출발역으로'라는 캐치프레이즈를 걸고 그해 9월부터 12월 사이 단동시, 훈춘시, 하산군과 MOU를 체결하며 준비 작업을 마쳤다. 그리고 2017년 1월 23일 나를 'KTX광명역 유라시아 대륙철도 출발역 범시민 출정식' 강사로 초청해주었다. 하지만 당시는 남북관계가 꽁꽁 얼어붙은 때로 주변에서는 무모한 짓이라고 말리는 사람들도 있었다고 한다. 그 기간 대한민국의 정치지형에는 엄청난 변화가 있었다. 촛불혁명으로 현직 대통령이 탄핵되고 정권이 바뀌게 된 것이다. 하지만 2017년 5월 문재인 대통령 취임 후에도 북한은 남북대화 제의나 사회 · 문화 · 체육교류 등에 대해 냉담한 반응으로 일관했다. 어쨌거나 양 시장은 '봄은 반드시 오고야 말 것'이라는 마음으로 'KTX광명역을 유라시아 대륙철도의 출발역으로'라는 캐치프레이즈를 들고 노선 타당성 용역을 시행하고 세미나를 개최하는 등 계속 관련 사업을 진척시켰다. 그러던 중 김정은 위원장이 2018년 1월 1일 신년사에서 획기적인 제안을 했다.

"…남조선에서 머지않아 열리는 겨울철 올림픽 경기대회에 대해 말한다면, 그것은 민족의 위상을 과시하는 좋은 계기로 될 것이며 우리는 대

김여정 부부장 일행이 KTX경강선을 타는 모습

출처: https://www.hankookilbo.com/News/Read/201802121555442146 한국일보 인터넷 기사(2018.2.9)

회가 성과적(성공적)으로 개최되기를 진심으로 바랍니다. 이러한 견지에서 우리는 대표단 파견을 포함하여 필요한 조치를 취할 용의가 있으며 이를 위해 북남 당국이 시급히 만날 수도 있습니다…."

김 위원장의 제안은 즉각 현실화하기 시작했다. 불과 한 달도 안 되어 2018년 1월 21일 현송월 단장이 2018년 평창 동계 올림픽 예술 공연을 위한 북측 예술단 사전 점검단을 이끌고 2007년 노무현 대통령의 역사적 방북길인 경의선 육로를 통해 방남했다. 그들은 서울역에서 경강선 KTX를 타고 강릉역에 도착, 황영조체육관과 강릉아트센터 등 공연장 후보지를 답사하고 돌아갔다. 그리고 20여 일도 채 지나지 않아 2월 9일 평창올림픽 개막식 행사 참가를 위해 김여정 부부장이 인천공항으로 입국, 현 단장과 똑같이 서울역에서 경강선 KTX를 타고 강릉역으로 향했다. 대한민국 언론은 김 부부장의 서울역 KTX 탑승과 강릉역 도착을 생중계하는 등 큰 관심을 보였다.

Source: KBS1 방송 화면, 2013.12.

출처: 윤희로, 한반도종단철도 연결사업 실행방안 정책토론회 자료집, 2017.3

　양 시장과 나는 이 모습을 보며 현송월 단장에 이어 김여정 부부장도 우리 KTX에 관한 소식을 김정은 위원장에게 반드시 보고할 것이며 이후 남북고속철도의 전망은 밝아질 것이라고 얘기를 나눴다.

　그리고 이런 화해 무드가 비약적으로 발전해 평창올림픽 후 2018년 4월 27일 통일각에서의 남북정상회담으로 이어졌다. 당시 누구도 예측하지 못했던 남북관계의 급진전이었다. 북한 최고 지도자 중 처음으로 남쪽 땅을 밟은 김정은 국무위원장은 27일 열린 남북정상회담에서 기대 이상의 솔직한 모습으로 눈길을 끌었다. 이날 문 대통령은 백두산에 가본 적이 없다며 북을 통해 꼭 가보고 싶다는 의지를 전하자 이에 김 위원장은 "솔직히 걱정스러운 것이 우리 교통이 불비해서 불편하게 할 것 같다"며 "평창 고속열차가 다 좋다던데 북에 오면 참 민망스러울 수 있겠다. 우리도 준비해서 문 대통령이 오시면 편히 모시도록 하겠다"고 말했다. 김 위원장의 솔직한 답변에 문 대통령은 "앞으로 철도가 연결되면 남북이 모두 고속철도를 이용할 수 있다"며 "김 위원장의 큰 용단으로 10년간 끊어진 혈맥을 오늘 다시 이었다"고 응답하였다.

그러면 북한의 고속철도를 향한 구애가 현송월 단장의 방남으로부터 시작됐을까? 전혀 그렇지 않다. 사실 개성~신의주 고속철도·고속도로 사업은 2010년부터 진행되고 있었다. 2011년 2월에 북한의 조선철도운수협회에서 이미 개성~신의주 고속철도 노반설계를 마쳤고 2011년 중반에 북한과 중국 사이에 고속철도 건설에 관한 논의가 진행되어 왔었다. 하지만 철도주권에 대해 매우 중요하게 생각하는 북한은 2013년 12월 8일 남한 측 기업을 포함하여 중국과 3자 의향서를 작성했고, 이것이 KBS 뉴스에까지 보도되었다. 그리고 2014년 2월 24일에는 개성~평양까지 189km는 한국 기업이, 평양~신의주까지 187km는 중국 기업이 건설하기로 계약서까지 작성했다.

그런데 문제가 생겼다. ㈜한신의 K 대표가 계약서를 들고 정부의 승인을 받기 위해 국토교통부에 찾아가니 북쪽 사업은 통일부 소관이니 통일부를 찾아가라 했다. 그래서 통일부에 찾아가서 얘기를 했더니 이렇게 거대한 프로젝트는 우리 권한을 넘어가니 청와대를 찾아가라 했다고 한다. 그래서 천신만고 끝에 청와대 비서관과 연락이 닿아 개성~신의주 고속철도 건설 개요를 설명하고 답을 기다렸는데 끝내 답이 없었다는 것이었다. 그러다 북한 핵실험으로 개성공단마저 폐쇄되면서 개성~신의주 고속철도 사업은 기약 없는 사업이 되어버렸다가 4·27 남북정상회담 때 두 정상의 의제로 떠오른 것이다.

참으로 안타까운 일이란 생각이 든다. 역사에 만약이란 가정은 할 수 없지만 만약 2014년 5월 코레일 최연혜 사장이 평양을 방문하는 등 남북관계가 우호적이었을 때 개성~신의주 고속철도 사업을 시작했더라면 지금쯤 상당한 진척이 있었을지도 모를 일이다. 물론 북한의 핵실험이나 미사일 발사로 중단되었을 가능성도 크지만….

앞으로 남북중 국제고속철도 사업은 차라리 정부가 많이 관여하지 않는 것이 나을지도 모른다. 남북중 국제고속철도 건설은 수익성이 있는 사업이기에 민간 사이드에 맡겨놓으면 훨씬 더 효율적으로 추진될 가능성이 높기 때문이다. 대신 금강산 관광 사업처럼 남북 당사자만 참여하지 않고 다국적 기업들이 투자하도록 유도해 정치적 리스크를 헷지시키는 것이 가장 지혜로운 방법일 것 같다.

남북중 국제고속철도와 동아시아 초국경 고속철도 경제권

전술한 것처럼 도라산역에서 중국 단동역까지 거리는 약 400km이고, 표정속도 시속 300km짜리 직통 고속철도를 타면 넉넉잡고 1시간 반이면 도착할 수 있는 거리다. 따라서 만약 북한에 남북국제고속철도가 건설되고 그 국제고속철도가 남한과 북한과 중국을 연결한다면 어떤 일들이 벌어질까? EU의 쉥겐조약(EU에 속한 국가 국민들이 역내 국경 통과 시 별도의 통관 수속 없이 간단하게 통과할 수 있도록 규정한 조약)처럼 남북중이 국경 통과 간소화 합의만 한다면 서울에서 북경(약 1,400km), 하얼빈(약 1,160km)까지 5시간 이내 도달이 가능한 반경 안에 있는 도시들 즉, 서울~평양~베이징, 선양~창춘~하얼빈~훈춘~블라디보스토크는 명실상부한 거대연담도시(Megalo Police: 대도시들이 연속적으로 이어진 도시권) 권역이 될 수 있다. 이곳을 자유무역지대로 만든다면 글자 그대로 동아시아 초국경 고속철도경제권 건설이 가능해질 것이다.

세계적으로 유명한 메갈로폴리스 권역으로는 북미의 LA권, 시카고권, 뉴욕권, 남미의 멕시코권, 유럽의 런던권, 파리권, 모스크바권 등이 있

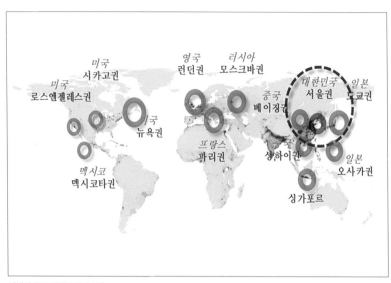

세계의 주요 메갈로폴리스권

출처: 황기연, 한국교통대 특강자료, 2010

다. 아시아에서는 일본의 도쿄권, 오사카권, 중국의 창장권, 주장권, 베이징 톈진 회랑이 있다. 이 가운데 보스턴~뉴욕~워싱턴을 잇는 뉴욕 메갈로폴리스권과 도쿄~나고야~오사카를 잇는 일본 도쿄 메갈로폴리스권, 베이징~톈진 메갈로폴리스권이 특히 유명하다.

그런데 만약 북한을 관통하는 고속철도가 건설되고 이 고속철도가 남북중을 잇는 남북중 국제고속철도가 된다면 반경 5시간 내에 인구 4억 2,500만 명이 밀집해 있고 지역총생산량이(GRDP)이 5,960조원이나 되는 세계에서 유례를 찾아볼 수 없고 그 어느 지역도 흉내 낼 수 없는 세계 최고의 메갈로폴리스 경제권이 형성될 수 있다. 이는 남한을 섬나라로부터 탈피하게 하고, 쇠락해가는 중국 동북 3성의 경제부흥을 견인하며 무엇보다도 열악한 북한 주민의 경제환경을 개선하는 한편 북한을 점진적 개혁 개방의 길로 나가게 도와줄 수 있는 지렛대 역할을 하게 될

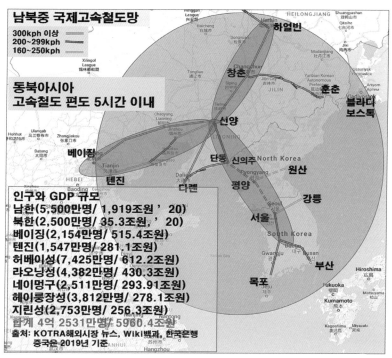

남북국제고속철도로 형성 가능한 인구, GDP 규모

것이다. 뿐만 아니라 높은 인구밀도와 단축된 시간적 거리는 매우 효율적으로 교통 인프라를 사용할 수 있게 해준다. 또한 집적경제의 효율성을 극대화해 우리가 상상하는 것 이상의 경제권을 만들어줄 수 있다. 한편, 이 동아시아 고속철도 경제권이 강력한 흡인력을 형성하게 되면 자연스럽게 현재는 경제성이 나오지 않는 한일 해저터널의 건설 가능성이 높아질 것이다. 만약 한일 해저터널까지 연결된다면 그야말로 몬스터급의 초국경 메갈로폴리스 경제권이 형성될 수 있다. 물론 한일 해저터널의 건설에는 반드시 두 가지 전제조건이 성취되어야 우리나라 국익에 보탬이 될 수 있다. 첫째, 한일 해저터널은 우리나라보다는 일본이 더 중요한 의미를 갖고 있으므로 반드시 한일 해저터널 건설 이전에 우리나라 고속철도망이 중국에 연결되어 운행이 되고 있어야 한다. 그래야 일본이 한일 해저터널 공사를 희망할 때 유리한 협상 테이블에 앉을 수 있다. 둘째, 부산과 대구, 대전 등 우리나라 지방 도시의 관광자원이 일본 도시에 비해 경쟁력을 갖고 있어야 한다. 그러지 않으면 일본에서 한국으로 들어오는 관광객보다도 한국에서 일본으로 빠져나가는 관광객이 더 많아져 서비스 수지 적자현상이 심각해질 것이다.

어쨌거나 동아시아 초국경 고속철도 경제권은 2018년 8월 15일 광복절 경축사에서 문재인 대통령이 제안한 동아시아 철도·경제·에너지 공동체를 실현하는데 초석이 됨과 동시에 한반도를 핵 위험 지대에서 벗어나게 해 영구적 평화의 길로 우리를 인도하게 될 것이다.

남북중 국제고속철도에 관한 오해

비행기를 타지 누가 기차를 타겠나?

　서울에서 베이징까지 직통 고속철도가 개통될 경우 5시간 정도에 갈 수 있다고 하면 "인천공항에서 베이징까지 비행기로 2시간도 채 안 걸리는데 비행기를 타지 누가 고속철도를 타고 가겠느냐"고 반문하는 사람들이 있다. 하지만 조금만 더 생각하면 비행기가 무조건 경쟁 우위에 있다고 하는 논리가 얼마나 단견인지 금방 알 수 있다. 통행이라는 행위를 조금 더 잘게 쪼개보자. 교통공학에서는 A라는 최초 출발지로부터 B라는 최종 목적지까지 걸리는 시간을 '총 통행시간'으로 부르는데 이것은 버스정류장이나 전철역까지의 '접근시간'과 정류장에서 교통수단을 탈 때까지 기다리는 '대기시간' 및 정류장에서 정류장까지 이동할 때 필요한 '차내시간'으로 구성된다.

　　총 통행시간 = 접근시간 + 대기시간 + 차내시간

　일반적으로 비행기를 이용할 때는 비행시간(차내시간)은 짧은데 집에서 나와서 공항까지의 접근시간과 공항에 최소 2시간 전에 미리 도착

비행기를 이용할 경우 통행패턴(서울시청에서 베이징 톈안문 기준)
출처: 진장원, 한반도종단고속철도 건설과 남북철도 협력 증진을 위한 창의적 접근, 남북고속철도 토론회 자료집, 여의도 이룸센터, 2020.8.6

해서 기다려야 하는 대기시간이 긴 것이 단점이다. 집이 서울에 있는 사람이 베이징의 호텔에 간다고 생각해보자. 집에서 나와서 공항버스 정류장이나 공항철도가 있는 역까지 가는데 평균 10분이 걸린다고 가정할 수 있다. 공항버스나 공항철도를 이용하면 대기시간을 포함해 보통 1.1시간쯤 걸린다. 공항에는 늦어도 2시간 전까지는 도착해야 한다. 그리고 인천국제공항에서 베이징 서우드공항까지 비행시간(차내시간)이 2시간이다. 베이징공항에 내리면 통관하고 짐 찾는 시간을 포함해야 하며 베이징 내 호텔까지는 집에서 공항까지 갈 때의 역순으로 통행이 이루어질 것이다. 결론적으로 말하면 서울의 집에서 출발해서 베이징의 호텔까지 총 통행시간은 베이징공항 검색대기 시간을 제외하고 약 6.5시간이다. 그래서 베이징행 비행기 출발시간이 아침 9시여도 새벽밥 먹고 집에서 출발해야 하고, 베이징 호텔에 들어가면 보통 오후 3시 정도 되는 이유는 일반적으로 공항이 시내에서 멀리 떨어져 있기 때문이다.

하지만 국제고속철도의 경우는 시내에 있는 기존역에서 출발해 기존역까지 가는 구조이기 때문에 접근시간과 대기시간이 대폭 줄어든다.

예를 들면 집에서 나와서 서울역까지 가는데 평균 20분이라고 가정해 볼 수 있다. 국제철도는 런던~파리 구간이 그러하듯 보통 30분 전까지

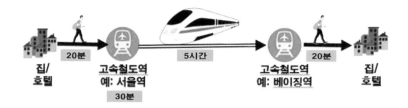

국제고속철도를 이용할 경우 통행패턴(서울시청에서 베이징 톈안문 기준)

출처: 진장원(2021), 전게서

만 도착해도 탑승 시간이 충분하다. 그리고 서울역에서 베이징서역까지 열차시간(차내시간)이 5시간이다. 베이징서역에서 호텔까지 평균 20분 이라고 가정하면 국제고속철도를 이용할 경우 서울의 집에서 출발해 베이징의 호텔까지 도착하는 총 통행시간은 베이징역 검색대기 시간을 제외하고 약 6.1시간이다. 총 통행시간 측면에서는 국제고속철도가 비행기보다 빠른 것이다. 한편, 비행기로 가더라도 인천국제공항이 아니라 김포공항에서 베이징 서우드공항으로 가면 접근시간이 30분 이상 단축되는데 왜 하필 기준점을 서울시청~베이징 톈안문으로 잡았느냐고 질문할 수도 있다. 하지만 뒤에 언급할 SP조사는 교통수단선택모형 내에서 이미 이용시간과 이용요금 등을 함께 고려하고 있으므로 염려할 필요가 없다. 또한 인천~베이징 대 김포~베이징 이용 여객량이 약 7:3 정도 되니(인천공항 항공통계 분석보고서, 2018) 서울~베이징 이용 고객의 주류는 인천국제공항을 이용하고 있어 SP조사에서 기준점을 인천국제공항~베이징 서우드공항으로 잡은 것이다.

또한 비행기가 도저히 따라올 수 없는 고속철도의 장점 2가지가 있다. 첫째는 통행요금이다. 일반적으로 고속철도요금은 비행기 요금의 60% 정도다. 그 이유는 고속철도의 운영요금이 비행기의 운영요금보다

저렴하기 때문이다. 두 번째
는 비행기에서는 영화나 음악
을 듣는 것 외에 별다른 구경
거리가 없으나 고속철도는 차
창 밖 풍경을 바라볼 수 있기
때문에 상대적으로 덜 지루하
다. 그래서 북한에 고속철도
가 건설되어 남한과 중국을
오갈 수 있다면 기존에 비행
기를 이용하던 승객 중에 상
당수의 승객이 고속철도로 전
환될 것으로 예측되고 있다.
단순히 고속철도는 통행시간
이 3~4시간 이내에서만 유리
하고 4시간이 넘어가면 사람
들이 지루해서 고속철도 이용
을 기피하게 될 것이라고 말

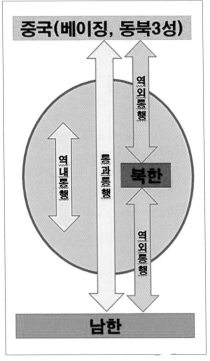

남북중의 통행 패턴 송류
출처: 진장원(2021), 전게서

하는 것은 이런 총 통행시간의 상대성을 무시한 것이다.

어떤 사람들은 고속철도가 남한과 북한의 국경을 넘어가는 과정에
서 통관에 시간이 걸려 이보다 훨씬 더 시간이 걸릴 것이라고 얘기하기
도 한다. 이런 논리 역시 '한중직통국제고속철도'의 '직통'이란 의미를 모
르기 때문에 하는 얘기이다. 즉, '직통'이라는 것은 글자 그대로 '논스톱
(Non-Stop)'이다. 우리가 서울~부산 고속버스에 탑승하면 이 버스는 강
남고속버스터미널에서 출발해 중간에 휴게소에서 한 번 쉬고 직통으로
부산 노포동고속버스터미널에 도착한다. 이와 마찬가지로 '한중직통국

제고속철도'도 KTX광명역이나 서울역에서 탑승하면 한 번도 쉬지 않고 내리달려 베이징서역에 도착하는 것이다. 왜냐하면 북한의 중간 정차역에 정지하지 않으므로 남북이나 북중 국경에서 별도로 통관 수속을 밟을 필요가 없기 때문이다. 물론 이것은 남북중 사이의 합의를 전제로 얘기하는 것이지만 북한이 굳이 반대할 이유는 하나도 없다. 오히려 북한은 행정력 낭비 없이 선로 이용료만 받으면 되므로 반대할 필요가 없는 것이다. 뿐만 아니라 남한과 중국 사이에 합의만 되면 유럽의 국경 통과 열차의 경우처럼 신의주에서 단동을 통과하는 구간의 열차 안에서 입국 검사를 할 수도 있으므로 국제고속열차의 통관 수속이 훨씬 짧아져 더욱더 경쟁력이 생길 수 있다.

나는 베이징에서 정저우까지 직통 고속열차를 타고 깜짝 놀란 적이 있었다. 베이징에서 정저우까지의 거리는 약 800km인데 베이징역에서 출발한 조금 뒤부터 전광판에 시속 300km라고 기록되더니 정저우역 근처까지 계속 300km로 기록되었다. 결과적으로 800km를 쉬지 않고 직통으로 달려 2시간 반 만에 주파했다. 서울~베이징 승객이 많을 경우 얼마든지 이런 직통열차를 운행할 수 있음을 알아야 하고 이럴 경우 한중 직통국제고속열차의 파급력은 우리 상상을 초월할 것이다.

정말 여객수요가 있을까?

2018년 5월 국회세미나에서 남북국제고속철도에 관한 제안을 했을 때 많이 들었던 비아냥 중 하나가 "지금 북한의 일인당 국민소득이 얼마인지 아세요? 북한 사람들이 그 적은 소득으로 어떻게 고속철도를 타고 다닐 수 있어요?"라는 질문이었다. 하지만 이 같은 얘기는 '교통계획'의

영향지역	중심도시	2028년 한국인		2028년 중국인	
		철도수요 (인/년)	철도 분담율(%)	철도수요 (인/년)	철도 분담율(%)
랴오닝	대 련	511,679	31.9	440,172	23.5
지 린	장 춘	284,830	54.4	467,866	76.5
헤이룽장	하얼빈	84,166	15.6	401,034	63.7
베이징	베이징	764,235	28.8	1,435,148	46.2
텐 진	베이징	281,331	28.8	528,309	46.2
허베이	베이징	44,190	28.8	82,985	46.2
합 계	-	1,970,432	-	3,355,513	-

출처: 진장원, 남한~북한 고속철도건설 대안 검토와 추진 방안, 유라시아평화철도포럼 창립기념세미나 "남북한·중국 국제고속철도 어떻게 준비할 것인가?" 자료집, 2018.5.28

'교'자도 모르는 문외한들이 던질 수 있는 질문이다.

일반적으로 교통계획을 수립할 때 통행의 종류를 '통과통행', '역내(내부)통행', '역외통행' 등 세 가지로 분류한다. '통과통행'은 교통계획의 대상이 되는 존을 통과해서 지나가는 통행으로 예를 들면 중국에서 출발해서 북한은 통과만 하고 남한에 도착하는 통행을 말한다. '역외통행'은 출발점이나 도착점 중의 하나가 각각 존 내부와 존 외부에 걸쳐 있는 것으로 중국에서 북한 또는 남한에서 북한을 오가는 통행이다. 끝으로 '역내(내부)통행'은 존 내부에서만 발생하는 통행으로 예를 들어 북한 내부에서만 움직이는 통행을 의미한다. 따라서 북한에 고속철도가 건설되어도 북한 내부에서만 움직이는 통행은 어느 정도 소득수준이 될 때까지는 북한 주민들이 고속철도를 이용할 수 없을 것이다. 하지만 당장 북한에 남북중 국제고속철도를 건설해도 경제성이 나쁘지 않을 가장 큰 이유는 남한에서 북한 또는 중국에서 북한을 오고가는 역외통행 고객과 북한을 통과해서 남한과 중국을 오가는 통과통행 고객이 상당할 것으로 예상되기 때문이다.

그러면 이 통과통행과 역외통행 수요는 얼마나 될까? 먼저 남한과 중국을 오가기 위해 북한은 통과만 하는 통과통행 승객은 어떤 사람들일까? 그것은 당연히 비행기나 선박으로 남한과 중국을 오가는 승객들 중에 남한의 수도권, 충청, 강원권에서 중국의 동북 3성을 포함한 베이징 이북지역을 오가는 승객들로 추정될 수 있다. 이 수요를 예측하기 위해 교통계획에서는 '선호현시'(Stated Preference)조사를 한다. 쉽게 말하면 "지금 서울에서 베이징까지 비행기를 타고 갈 경우 7시간이 걸리고 비용이 25만원이 드는데 국제고속철도가 생길 경우에는 11.5시간, 15만원이 든다. 이럴 경우 당신은 어떤 교통수단을 이용하겠는가?"라는 식으로 비용과 시간 시나리오를 정해서 설문조사를 하고 그것을 분석해서 통행수단선택모형이라는 것을 만든다. 수단선택모형이 만들어지면 이 모형을 통해 교통수단 간의 경쟁력을 알 수 있게 되고 현재 항공수요 추이를 참고해서 장래 고속철도 수요량을 예측할 수 있게 되는 것이다. 그런데 2018년 우리 연구진은 철도가 비행기에 비해 '아주 낙관적', '낙관적', '비관적', '아주 비관적'이라는 4개의 시나리오 중에 비관적이라는 시나리오로 불리하게 예측했음에도 2028년도 기준으로 한국인 197만 명, 중국인 335만 명 총 532만 명이 비행기 대신 남북중 국제고속철도를 이용할 것으로 예측한 바 있다.

여기에는 남한과 중국에서 북한으로 들어가는 관광객 등 역외통행 여행객과 선박을 이용해서 다롄, 단둥, 톈진, 친황다오 등에 들어가는 승객은 빠져 있으니 어림잡아도 2030년도에는 남북중 국제고속철도 승객이 1,000만~1,300만 명(36,000명/일) 정도는 되지 않을까 예상된다. 남한의 호남고속철도가 연간 1,000만 명 이용 시대가 되면서 적자를 벗어났으니 이 정도면 남북중 국제고속철도의 경제성은 충분히 확보될 수 있

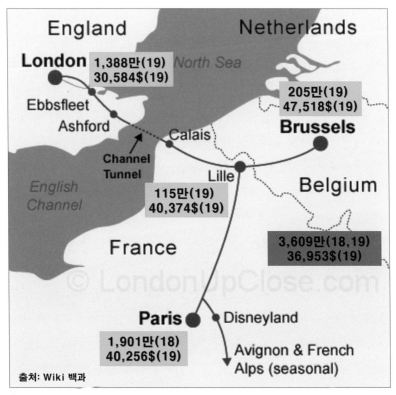

유로스타가 운행 중인 도시의 인구와 국민소득

출처: 진장원, 남북중 국제고속철도에 관한 오해와 진실, 한일 해저터널과 남북고속철도 토론회, 여의도 이룸센터, 2021.3.8

을 것으로 볼 수 있다. 여기에 북한이 점차 개방이 되고 소득 수준이 올라가면 북한 자체 역내승객이 증가할 테니 2040년경에는 황금노선이 되지 않을까 짐작해본다.

사실 이 같은 수요는 매우 보수적으로 예상해본 것이다. 남북중 국제고속철도와 가장 유사한 노선이 파리와 런던을 오가는 유로스타인데 유로스타 연간 이용객은 2,000만 명이 넘는다. 유로스타가 오가는 거점 도시의 인구는 3,609만 명(2019년 기준)이고 1인당 국민소득은 약 37,000

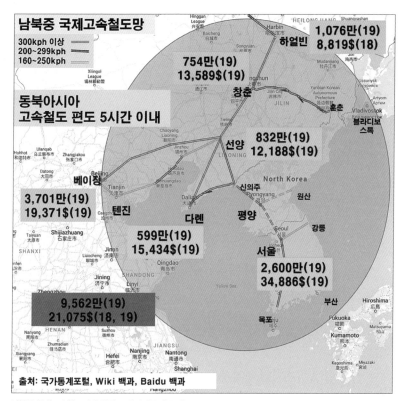

남북중 국제고속철도가 운행될 도시의 인구와 국민소득

출처: 진장원, 남북중 국제고속철도에 관한 오해와 진실, 한일 해저터널과 남북고속철도 토론회, 여의도 이룸센터, 2021.3.8

달러다. 이에 비해 남북중 국제고속철도가 정차하게 될 주요 도시의 인구는 무려 9,600만 명으로 유로스타의 약 2.7배이며 1인당 국민소득은 약 21,000 달러다. 2004년 우리나라 경부고속철도 1단계 개통 때 국민소득이 15,000 달러인 것을 감안하면 현단계에서도 북한을 제외한 남한과 중국의 주민들은 충분히 국제고속철도를 타고 다닐 수 있는 정도의 소득수준이다. 그러면 대략 계산해도 남북중 국제고속철도가 개통되면 연간 최소 2,000만 명 이상은 고속철도를 타고 다닐 수 있을 것으로 추산

할 수 있다. 감히 예언 하나를 하자면 남북중 국제고속철도는 아마도 향후 '황금알을 낳는 황금노선'이 될 것이다. 사실 우리나라 건설 회사들도 남북중 국제고속철도의 수익성을 알고 이 사업이 개시만 되면 언제든 참여하려는 의지를 불태우고 있다. 그런데 정작 이 정책을 결정하고 실행할 능력이 있는 분들이 이 같은 사실을 잘 모르고 있다는 것이 안타까울 뿐이다. 2021년 3월 8일 여의도 이룸센터에서 개최된 한일 해저터널과 남북고속철도 토론회에서 이런 내용을 발표했더니 어떤 분이 이렇게 질문했다.

"이렇게 중요한 의제인데 왜 진즉 우리 당국자들은 추진을 안 하신 것인가요?"

이렇게 된 데는 여러 가지 이유가 있겠지만 중요한 이유 중 하나가 지금 이 글에서 다루고 있듯이 "북한 국민소득이 얼만데 무슨 고속철도냐", "제대로 된 수요가 나오겠느냐"는 등 비전문가적인 얘기가 힘을 얻어왔기 때문이다. 이제는 이런 통행수요가 정확히 예측되어야 한다. 그래야 이 사업에 국제적인 민간자본이 유입될 수 있다. 그러면 남북중 국제고속철도 사업은 퍼주기 사업이 아니라 남북중 모두에게 훌륭한 비즈니스 모델이 된다는 사실을 알 수 있게 될 것이다. 이런 통행수요 예측은 UN제재와 아무런 상관이 없으니 지금이라도 연구를 발주, 더 정확한 예측을 통해 국제자본 투자 유치를 준비해야 할 것이다.

동북아 국제특송의 르네상스를 꿈꾸며

남북중 국제고속철도 이용은 여객에만 국한되지 않는다. 고기, 생선, 야채, 의약품 같은 신선식품과 해외직접구매(해외직구)로 오고가는 상

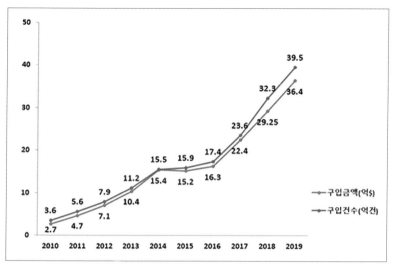

우리 국민의 해외상품 구매 금액 및 건수(수입)

진장원, 한반도종단고속철도 건설과 남북철도 협력 증진을 위한 창의적 접근, 남북고속철도 토론회, 여의도 이룸센터, 2020.8.6

품을 국제특송으로 취급할 수 있게 될 것이다. 우리 국민의 해외직구 구매 건수는 2010년 357만 건으로 시작해서 2019년에는 3,945만 건으로 9년 만에 10배 이상 성장했다. 특히 2017년 이후에는 연평균 30%씩 증가하여 이제는 일상적인 구매 방식으로 자리를 잡았다고 해도 과언이 아니다. 이것은 물류회사 관점에서 보면 미국 블랙프라이데이(11월 마지막 금요일)나 중국 광군제(11월 11일)와 같은 특정 시기만이 아닌 일상적으로 물류 수요가 있다는 의미이니 물류운송 운영이 안정적으로 진행될 수 있다는 것을 뜻한다.

현재는 우리 국민들이 미국에서 가장 많이 해외직구를 하고 그다음으로 EU, 중국, 일본 순이지만, 중국과 EU가 지속해서 성장하는 추세다. 특히 주목할 점은 중국의 점유율이 2016년 9.1%(1,742억 원)에서 2019년 18.2%(6,624억 원)로 불과 3년 만에 2배나 증가했다는 점이다. 요즘

세계 최초 화물전용 고속열차-Mercitalia Fast(ETR-500형)
출처: https://it.wikipedia.org/wiki/Mercitalia_Rail#/media/File:ETR_500_MIR.jpg

은 내 주변 사람들로부터도 중국 샤오미의 공기청정기, 노트북 같은 제품을 해외직구로 장만했다는 얘기를 심심치 않게 듣고 있어 이 추세가 사실임을 직감할 수 있다.

한편, 한국에서 해외로 수출하는 해외역직구 시장은 2015년 800억 원에서 2019년 1조 2,433억 원으로 15.5배나 성장했다. 해외역직구 시장 중 중국이 차지하는 비중은 50.4%나 되며, 건수도 약 140만 건으로 부동의 1위를 차지하고 있다. 이 같은 한국과 중국 간 해외직구와 해외역직구 총액은 2019년 기준으로 약 2조원, 건수로는 약 246만 건이다. 한중 간 양방향 수출, 수입 건수가 비슷해서 화물열차의 공차 발생 가능성이 대폭 줄어들어 운송금액을 낮출 수 있다. 그런데 남북중 국제고속철도가 건설되면 이 중에서 베이징을 포함한 베이징 이북 지역과 동북 3성에서 오고가는 해외직구 물량은 남북중 국제고속철도를 이용하여 운송

당산 CRRC가 개발한 350km 급 화물전용 고속열차

출처: 차이나데일리 2020년 12월 24일 기사 http://global.chinadaily.com.cn/a/202012/24/WS5fe3ee9ba31024ad0ba9dfb1.html

될 가능성이 매우 높아진다. 즉, 지금은 북한 육로가 막혀 있어 해외직구 구매 시 항공 또는 해운으로만 상품을 받을 수 있지만 앞으로는 남북중 국제고속철도도 선택 가능한 운송수단이 된다는 의미다.

중국 해외직구를 할 경우 통관 업무를 뺀 순수 운송시간을 기준으로, 현재 항공기는 2~3일 소요되나 운송비용이 해운의 2~4배 수준으로 높다. 배를 이용할 경우 5~8일이 소요되지만 운송비용이 저렴하다. 그런데 남북중 국제고속철도가 생기면 운송시간은 항공기 수준이지만 비용은 절반 정도밖에 안 되는 특급 운송수단이 생기게 된다. 따라서 남북중 국제고속철도는 단순히 여객만 수송하는 것이 아니라 국제 특송 화물도 운반할 수 있게 되는 강력한 교통수단이 될 것이다.

실제로 유럽에서는 2018년 11월 이탈리아에서 카세르타(Caserta)와 볼로냐(Bologna)를 왕복하는 시속 180km의 메르시탈리아 패스트(Mercitalia Fast)라는 화물전용 고속열차가 세계 최초로 운행을 시작했다. 내가 2019년 5월 중국 철도과학원(CARS)을 방문했을 때 중국이 화물전용 고속열차를 개발하고 있었던 것을 본 적이 있었다. 그런데 2020년 12월 당산 CRRC가 최고속도 350km 급 화물전용 고속열차를 선보였다는 소식을 뉴스를 통해 들었다. 이 열차는 8량짜리 화물열차를 달고 있으며 영하 25℃에서 영상 40℃까지 저장이 가능해 일반화물뿐만 아니라 신선식품, 냉동식품까지 모두 취급할 수 있다. 이 열차는 인공위성으로 화물 위치가 추적되며 빅데이터와 클라우드 시스템으로 화물을 관리, 추적할 수 있다고 한다. 이 열차를 제작한 당산 CRRC는 1,500km를 5시간에 주파할 수 있다고 자랑하고 있다. 또한 600km에서 1500km 거리의 화물을 집중적으로 운송할 예정이라고 하니 정확히 동북아권 내에서 남북중 국제고속철도 구간에 해당하는 거리다.

더구나 2003년에 사스(SARS)로 인해 전자상거래 붐이 시작된 것처럼 COVID19는 온라인 쇼핑뿐만 아니라 O2O 서비스를 이용한 의약품, 보건·위생용품, 생필품 등 일용소비재 전반으로 구매 패턴을 바꿔놓고 있다. 이 같은 상황들을 생각해볼 때 남북중 국제고속철도가 미칠 파급효과는 여객운송뿐만 아니라 신선화물, 고급화물 운송에서도 우리가 상상하는 깃 이상으로 크다고 보아야 할 것이다.

KTX광명역~개성역까지 고속철도 노선 대안

출처: 광명시, KTX광명역 유라시아 대륙철도 출발역 타당성 연구, 2017

그 많은 돈을 또 퍼주기냐?

남북중 국제고속철도 얘기를 하면 대번에 "또 퍼주기냐?"고 손사래를 치는 분들이 있다. 남북중 국제고속철도에는 얼마나 돈이 들까? 많은 언론에서 북한철도 및 인프라 개발비용으로 천문학적인 금액이 든다고 보도해서 사람들이 지레 겁부터 내는 것 같다. 예를 들면 국토연구원(2013)은 한반도 개발협력 11개 핵심 프로젝트에 93.5조원, 금융위원회(2014)는 북한의 인프라 개발비용으로 150조원이 필요하다고 예측한 바 있다. 국회예산정책처(2015)에서는 2026년 통일이 된다면 2060년까지 2,316조원의 북한 인프라 정비비용이 필요할 것으로 추정하기도 했다.

하지만 여기서 우리가 얘기하는 것은 북한 인프라 가운데 남북중 국제고속철도 부분이다. 남북중 국제고속철도를 건설하기 위해서는 남한 측 구간, 북한 측 구간 건설이 필요하다. 2017년 KTX광명역 유라시아 대륙철도 출발역 타당성 연구에서는 남한 측 구간을 KTX광명역에서 개성역으로 기준했을 때 약 2.4조원에서 2.8조원 정도가 필요할 것으로 예측됐다.

대안 1-1은 광명역에 출입국시설(CIQ)을 신설하고 최단노선으로 개성역까지 빠져나가는 것으로 표정속도 249km다. KTX광명역에서 개성역까지의 시간은 약 18분으로 가장 짧은데 약 2.7조원이 필요하다. 대안 1-2는 KTX광명역~도라산역~개성역으로 출입국 시설을 기존 도라산역으로 활용하는 대안이다. 이럴 경우 표정속도는 207km로 저하되며 시간은 약 23분 정도로 대안 1-1에 비해 5분 정도 더 소요된다. 대안 2-1은 기존 KTX광명역과는 별도로 근처의 주박기지를 이용해서 국제고속철도역을 신설해 개성역으로 가는 노선으로 표정속도는 241km이며 시간은 약 18분 걸린다. 비용은 약 2.4조원이 필요할 것으로 예측됐다. 이렇

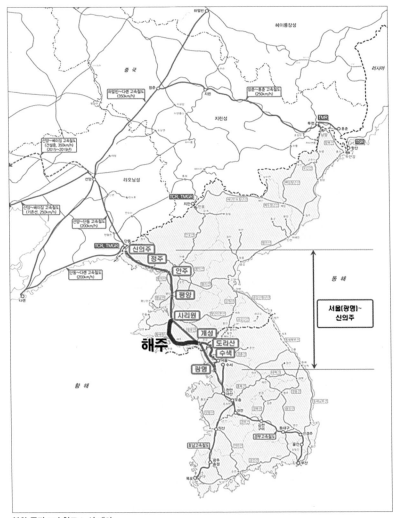

북한 구간 고속철도 노선 대안

듯 서울~개성 사이 남한 구간에도 다양한 노선 대안이 존재하는데 어떤 노선을 선정할 것인지는 남북중 국제고속철도가 항공기와 경쟁하는 시간 단축 효과를 고려해서 결정해야 할 것이다. 반면 북한 측 노선은 시간 단축도 중요하지만 역시 칼자루를 쥐고 있는 것은 북한 당국이므로 이들의 지역 개발 방향이 변수로 작용될 수 있다. 그런 측면에서 북한 측 노선은 개성에서 사리원을 거쳐 평양으로 넘어가는 것이 가장 최단 구간이지만 북한 당국이 2013년 ㈜한신과 논의할 때는 개성에서 해주로 돌아서 사리원으로 돌아가는 노선을 원했다고 한다. 이것은 아마도 북한이 해주 개발 효과를 염두에 두고 제안한 것으로 보인다.

이때 해주를 우회하지 않을 경우에는 도라산~평양~신의주 간 361km이고, 해주로 우회할 경우에는 409km로 약 50km 정도 거리가 늘어나게 된다. 이럴 경우 ㈜한신에 의하면 북한 측 건설비용은 약 15조원이 소요될 것으로 보여 남북한 모두 건설하는데 약 17조원이 필요할 것으로 추정된다.

그러면 일각에서 우려하는 대로 이 돈을 모두 남한 측이 부담해야 할까? 전혀 그렇지 않다. 앞서 언급했던 대로 2030년경 남북중 국제고속철도 승객을 하루 36,000명 정도로 예상한다면 이 노선은 단번에 흑자로 전환될 것이고 여기에 남북중 특급화물수요까지 처리한다면 황금노선이 될 수 있다. 그러므로 남북중이 합작해서 이 노선을 건설하고 운영한다면 지금 풍부한 유동성으로 갈 곳 몰라 헤매고 있는 전 세계의 부동자금이 몰려올 수 있다. 그러므로 남한만 부담하는 퍼주기 사업이 절대 되지 않을 것이다. 물론 경의선을 제외한 다른 북한의 철도 노선은 아직까지 경제성이 낮기 때문에 남한 정부 및 국제 사회의 원조 없이는 건설할 수 없지만 남북중 국제고속철도 노선은 상황이 전혀 다르다는 것을 명심해야 한다. 그러므로 우리가 우물쭈물하다 만일 다른 국제 자본이 먼저 주도권을 잡고 이 거대 프로젝트를 진행한다면 우리는 훗날 땅을 치고 후회하며 후손들에게 두고두고 욕을 먹을 것이다.

뿐만 아니라 건설과정에서 얻게 될 국내 신규 일자리 창출 및 산업파급효과도 크다. 이 사업이 시행되면 건설업(설계, 시공, 사업관리 등), 제조업 등에서 약 24만 명 고용효과가 일어나게 될 것이다. (2020년 3월 고용노동부의 재정사업 고용영향평가 가이드라인 적용시) 남북중 국제고속철도 건설로 30년간 약 80조원의 경제성장 효과를 얻게 될 것으로 보이니 이제는 그만 퍼주기 논란에서 벗어나야겠다.

남북중 국제고속철도 건설은 남한의 경부고속도로, 경부고속철도를 능가하는 사업으로 북한 경제 부흥의 신호탄이 될 수 있으며 이는 곧 남북의 평화와 번영을 준비하는 출발 사업(Initiative Project)이 될 것을 명심해야 한다. 또한 이 사업으로 북한 내에 신규 건설 붐이 일어날 수도 있다. 앞으로 평양~원산~청진~나진~블라디보스토크 및 여타 구간의 철도, 도로 등 향후 50년 이상 남북이 함께 할 프로젝트가 있다. 북한판 뉴딜 사업을 통해 남북 모두 경제 활성화를 기대할 수 있다.

철도 주권론과 재정조달방안

남북중 국제고속철도의 재정조달방안을 논의하다 보면 여러 분들이 우리나라의 철도주권을 지키기 위해서라도 건설비 15조원 정도는 정부 재정사업으로 진행하는 것이 좋다고 말한다. 나도 개인적으로 한반도의 철도망은 우리의 힘으로 건설해서 우리의 철도주권을 지키는 것이 맞다고 생각한다. 하지만 앞에서 거론한 대로 남북중 국제고속철도는 북한의 다른 철도사업과는 결이 많이 다른 사업임을 상기할 필요가 있다. 무

북한이 가입 가능한 국제개발은행

기관		목적	자격	설립	회원국	지분율 상위 5개국(%, 기준일)
WB WB	IBRD	저개발국 개발금융	IMF회원국	1945	189	미(16.32), 일(7.04), 중(4.55), 독(4.12), 영, 프(3.86)(17.6.7.)
	국제개발협회 (IDA)	빈곤국양허성 자금 지원	IBRD회원국	1960	173	미(10.21), 일(8.45), 영(6.36), 독(5.46), 프(3.81)(17.3.31.)
ADB		아시아 경제성장, 협력	UNESCAP	1966	67	미(16.78), 일(12.78), 중(5.45), 인(5.36), 호(4.93)(16.12.31.)
유럽부흥개발은행 (EBRD)		중동부유럽국 시장경제 전환	비유럽국은 IMF	1991	65	미(10.24), 프, 독, 이, 일, 영(공통 8.72)(2016.)
녹색기후기금 (GCF)		개도국 온실가스 감축, 기후변화	UNFCCC	2013	197	미(29.61), 일(14.80), 영(11.95), 프(10.23), 독(9.90)(17.6.2.)
아시아인프라 투자은행 (AIIB)		지속가능경제개발, 인프라 연결	IBRD, ADB	2016	56	중(27.52), 인(7.93), 러(6.25), 독(4.37), 한(3.69)(17.6.17.)

출전: 양기대, 동북아고속철도경제권 구상과 효율적 추진전략, 유라시아평화철도포럼 창립기념세미나 "남북한·중국 국제고속철도 어떻게 준비할 것인가?"자료집, 2018.5.28

엇보다 남북중 국제고속철도사업의 궁극적 목표가 무엇인지 잊으면 안 된다. 즉, 남북중 국제고속철도사업은 단순히 북한에 고속철도 노선 하나를 건설, 남북한끼리만 오가려 하는 사업이 아니라 중국 고속철도망과 연계하여 동아시아 철도·경제·에너지 공동체의 밑거름이 되도록 만드는 것이 궁극적 목표라는 것이다. 따라서 남북중 국제고속철도사업은 남북 양자 구도로만 진행되어서는 절대 안 된다. 우리는 이미 남북 양자 구도로만 진행했다가 실패한 금강산·개성관광, 개성공단사업 등의 경험이 있지 않은가? 따라서 남북중 국제고속철도사업은 철저하게 다자 구도로 진행해서 설령 남북관계가 조금 틀어져도 남북 어느 한 쪽이 일방적으로 어깃장을 놓지 못하도록 해야 한다. 이를 위해서는 중국, 러시아, 일본, 미국 등의 자본이 함께 투자될 필요가 있다.

　이런 방식에는 크게 기존의 국제개발은행 개도국 금융지원 제도를 활용하는 방식과 별도의 신탁기금(Trust Fund)을 조성하는 방식의 두 가지가 거론되고 있다. 기존의 다국적 국제개발은행(MDB) 개도국 금융지원 제도를 활용하는 방안은 세계은행(WB)이나 아시아개발은행(ADB) 등에서 장기의 저리 차관 등을 빌려줘서 고속철도를 건설하는 방식이다. 다만 이를 위해서는 MDB 등의 회원이 되어야 하는데 회원 가입 전제가 해당 국가의 금융정보 공개 등 투명성 확보다. 현재로서는 북한의 금융정보 공개 동의 여부가 불투명하다는 어려움이 있다. (AIIB의 경우는 비회원국 지원도 가능하지만 현재까지는 재원의 규모가 크지 않은 것이 단점이다.) 또한 시스템적으로 차관 지원에는 시간이 걸리기 때문에 건설 공기가 늦춰질 수도 있다. 두 번째는 별도의 신탁기금을 조성해서 인프라를 건설하는 방식이다. 북한이 비핵화에 합의할 경우 미·일·중·러, 국제기구 등의 공조 속에 UN이나 세계은행이 북한과 협의, 투자 프로젝트를 진행하는 방식이다. 이 방식은 민관이 북한의 개발 수요를 미리 파악해 구체적인 계획을 수립한 후 국제개발은행의 지원을 끌어내야 한다. 이라크, 아프가니스탄의 재건 신탁기금이 이에 해당된다. 그런데 나는 여기서 다른 방식을 제안해보고자 한다. 전술한 바와 같이 남북중 국제고속철도 사업은 충분히 수익성이 있는 사업이므로 건설 중심의 투자방식(Construction Investment)이 아니라 자금 조달 중심의 투자 방식(Financial Investment)으로 진행하자는 것이다. 즉, 남북중 국제고속철도 사업은 건설로만 끝나는 것이 아니라 향후 철도 운영, 노선관리, 유지·보수, 지속가능성, 인접 국가와의 협력까지도 고려해서 건설사업자가 운행까지 맡아서 하는 방식이다. 따라서 당사국인 남북중

이 합작으로 특수목적법인(SPC)을 설립하고 세계 여러 나라의 투자를 받아 사업을 진행하는 것이다. 이를 위해 국민공모주 형태의 주식도 발행할 수 있다.

여러분은 중국의 징후선(베이징~상하이 노선)을 운영하는 징후고속철도유한공사가 2020년 1월 16일 상하이증권거래소에 상장된 것을 아시는가? 사실 중국에서 주식시장에 상장한 철도운영회사는 징후고속철도유한공사가 처음이 아니다. 이미 광선(광저우~선전)고속철도유한공사가 상장한 전력이 있다. 징후고속철도유한공사의 상장이 가능했던 이유는 2014~2017년 4년 동안 311억 7천만 위안(약 5조 3,000억 원)의 순이익을 냈고 특히 2017년의 순이익이 127억 1,600만 위안(약 2조 1,600억 원)이었기 때문이다. 이처럼 전 세계적으로 철도회사가 증시에 상장된 예는 여럿 있다. 예를 들면 배당금을 잘 주는 회사로도 알려져 빌 게이츠의 주식 투자 포트폴리오 중 중요한 부분을 차지하는 캐나다철도공사(Canadian National Railway)도 뉴욕증권거래소에 상장되어 있다. 그 외에도 워런 버핏이 2009년 금융위기 때 인수했던 미국 제2위의 철도회사인 BNSF(Burlington Northern Santa Fe), 미국 제1위의 철도회사 유니온 퍼시픽 철도 등도 모두 상장된 철도회사들이다.

따라서 남북중 국제고속철도도 특수목적법인으로 전 세계로부터 투자금을 유치해 건설, 운영하다 적당한 시기에 미국 증권시장에 상장해 전 세계인의 기업으로 발전시킨다면 정치적 변동성과 관련 없이 동아시아의 대동맥이 되는 황금노선으로 자리매김 할 수 있을 것이다. 우리는 동아시아 철도·경제·에너지 공동체에 미국과 일본도 참여시킬 수 있는 방안이 무엇일까를 고민한다. 남북중 국제고속철도 특수목적법인의 증시 상장은 자연스럽게 이런 고민의 일부를 해결해줄 수 있을 것이다. 만일 남북중이 이 같은 국제적인 고속철도회사를 창립하고 엔젤투자자를

유럽 각국 철도의 상이한 시스템(2009년 당시)

출처: 박은경, 남북철도 직결운행을 위한 상호운용성 고찰, JKIECS, vol. 13, no. 06, 1161-1168, 2018

모은다면 나도 기꺼이 투자할 것이다.

EU의 형성과 철도시스템 통합(상이한 남북중 철도시스템 극복)

남북중 국제고속철도를 얘기하면 어떤 분들은 대뜸 남북중 간의 철도 시스템이 다른데 어떻게 상호 운행할 수 있겠느냐고 반문한다. 맞는 말씀이다. 현재와 같은 상황에서는 남북중 국제고속철도를 운행할 수가 없다. 그런데 '화가 변하여 복이 된다'는 말을 아시리라 믿는다. 이 질문에 대한 대답으로 꼭 맞는 말이라고 생각된다. 유럽철도의 상호호환 운행을 위한 각고의 노력이 오늘날 유럽연합(EU)을 만들어낸 가장 중요한

5개국 대표들이 쉥겐조약을 조인하고 있다.

출처: https://www.schengenvisainfo.com/schengen-agreement/

자양분이 됐다는 사실을 빗대어 말씀드리는 것이다. 필자가 개인적으로 처음 유럽 출장을 갔던 것이 1993년 7월이었다. 당시 독일에서 네덜란드 국경을 넘어가는데 열차 안에서 출입국관리직원이 여권 검사를 하고 입국허가 도장을 찍어줬던 기억이 있다. 그런데 20년 후 2014년 체코에서 독일로 넘어가는데 언제 국경을 통과했는지도 모르게 국경을 통과했고 한숨 자고 났더니 종착역인 베를린역이었다. 하지만 불과 2009년만 해도 유럽철도는 전력공급시스템만 5종류, 신호시스템이 21종류, 철도궤도시스템 5종류, 축중시스템과 차량한계가 각각 5종류, 6종류가 있을 정도로 제 각각이었다. 여기에 철도운영규칙 또한 각 국가별로 상이해서 상호운행이 불가능한 상황이었다.

그러면 유럽은 어떻게 해서 이런 국가 간 열차 상호운행시스템을 만

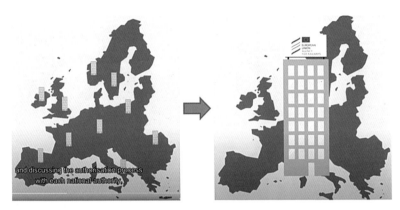

ERA(EU철도국) 창립 의미(운영 주체가 각국의 철도국에서 ERA로 전환되어 유럽 내 철도 운행이 통일됐다.

출처: 진장원, 남북중 국제고속철도에 관한 오해와 진실, 한일 해저터널과 남북고속철도 토론회, 여의도 이룸센터, 2021.3.8

들어냈을까? 그 이야기는 1985년 쉥겐(Schengen)조약으로 거슬러 올라
간다. 1985년 독일, 프랑스와 국경을 함께 하고 있는 룩셈부르크의 쉥겐
이라는 작은 마을에서 독일, 프랑스, 베네룩스 3국(벨기에, 네덜란드, 룩
셈부르크)의 외무장관들이 모여 쉥겐조약에 서명을 했다. 조약의 주된
내용은 5개국의 상호번영을 위해 5년 후인 1990년부터 국경검사소를 철
폐하는 등 국경 통과를 자유롭게 하여 상호 간 교역을 증진시키자는 것
이었다.

　1991년 이를 위해 국가 간 철도 운행을 통일시키기 위한 기술사양
서(TSI: Technical Specification for the Interoperability)에 대한 논의
가 시작되었고 1993년 유럽 통합 운영을 위한 유럽철도의 최상위 기술
적인 사양서로서 TSI가 정의됐다. 1995년에는 유럽 철도교통관리시스
템(ERTMS: European Rail Traffic Management System)을 국제 표준
에 맞춰 만들어가기로 합의했다. 이것은 오늘날 철도산업계에 있어 매
우 중요한 기점이 됐다. 즉, 26년 전 유럽 국가들이 결의했던 대로 지
금은 ERTMS가 세계 표준이 되었기 때문이다. 현대적인 디지털 철도

코펜하겐 철도산업 관련자 협력 플랫폼 창설 회의
출처: ERA 홈페이지

시스템의 근간이 되는 ERTMS는 크게 두 종류로 구성이 되는데 하나는 유럽 열차제어시스템(ETCS: European Train Control System)이고 또 하나는 유럽철도통신시스템인 GSM-R(Global System for Mobile Communication Railway)이다. 일반적으로 철도기반시설이 완성된 후 철도를 운행할 때 가장 중요한 두 분야가 철도제어와 통신인데 이를 위해 EU는 ERTMS를 통일시킨 것이다. 2002년에는 드디어 TSI가 채택이 되었고 2005년에는 이탈리아와 스페인 구간에 ERTMS를 이용한 첫 번째 상업노선이 운영되기 시작했다. 그리고 이런 운영을 EU전체 차원에서 관장하기 위해 이듬해인 2006년 EU철도국(ERA : European Railway Agency)가 창립되었고 2008년 TSI가 EU의 법률(2008/57/EC)로 제정됐다.

그리고 드디어 2012년 덴마크 코펜하겐에서 EU의 모든 철도산업 관련자들이 모여 협력 플랫폼을 만들고 2033년까지 EU 내 국가 간 철도운영시스템을 ETCS 레벨 2에 맞춰 확장하기로 하는 협정을 체결했다. 그리고 그 계획에 따라 2018년에는 스위스에, 2022년에는 덴마크에 완전

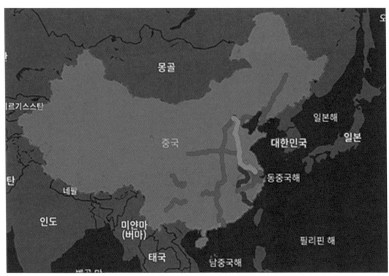

중국 고속철도망(적색: ETCS 레벨2, 청색: ETCS 레벨1)
출처: ERTMS 홈페이지

적용하며 끊임없이 EU철도통합을 위해 움직이고 있다. 1985년 솅겐에서 유럽 각국 간의 국경검문을 철폐키로 조인한 지 27년 만인 2012년 코펜하겐 협정을 통해 EU 통합의 물리적 장애물을 제거한 것이다.

흔히 동아시아 철도·경제·에너지 공동체를 만들기 위해서는 유럽 석탄철강 공동체에서 배워야 한다고들 한다. 하지만 이건 절반만 맞는 말이다. 진정으로 동아시아 지역에 평화와 번영의 공동체를 만들기 원한다면 솅겐협정에서 출발해서 오늘날 EU를 일궈낸 과정에 TSI(국가 간 철도 운행을 통일시키기 위한 기술사양서)와 ERTMS가 있었다는 사실을 인지하고 우선 남북중 TSI를 만들기 시작해야 한다. 철도운영시스템이 달라서 국경에서 불필요하게 소모되는 시간과 장애물을 극복하기 위한 노력이 결과적으로 EU 탄생을 촉진시켰으니 이를 두고 '화가 변하여 복이 됐다'라고 주장하는 것이다. 남북중 국제고속철도가 되면 서울에

남한의 고속철도망(청색: ETCS 레벨1)

출처: ERTMS 홈페이지

서 베이징까지 5시간 안에 도착할 수 있다고 발표하면 "신의주에서 단동 국경 통과하는 데만 3시간 이상 걸리는데 무슨 말도 안 되는 주장을 하느냐"고 역정을 내는 분들이 있다. 참으로 근시안적인 발상이라 하지 않을 수 없다. 부디 EU의 TSI에서 배우기를 바란다. 한편 다행인 것은 1995년 EC(유럽공동체)가 ERTMS를 세계 표준으로 하자고 결의하고 열심히 추진한 덕에 남한과 중국의 철도시스템도 ERTMS의 ETCS로 통일되어 있다. 단지 중국의 어떤 노선은 ETCS 레벨1, 또는 레벨 2이고 우리나라는 ETCS 레벨 1인 것만 다를 뿐 기본적인 시스템은 유럽시스템으로 이미 통일되어 있으므로 몇몇 장비만 개선하면 남북중 국제고속철도를 직결 운행하는데 큰 어려움이 없다. 따라서 남북중이 합의만 하면 우리가 생각하는 것보다도 빠른 시간 안에 서울에서 베이징 가는 국제고속철도를 운행시킬 수 있을 것으로 생각된다. 북한은 새로 고속철도를 건설하는 것이니 당연히 ETCS 레벨2로 건설하면 문제가 없을 것이다.

북한에 전력이 부족하잖아요?

맞는 말씀이다. 사실 남북중 국제고속철도를 건설할 때 가장 큰 난제는 전력공급 방식이다. 왜냐하면 고속철도를 운행하기 위한 전력공급망 구축비용도 논란이었지만 송전된 전력의 핵개발 이용 가능성 제기로 계속 시빗거리가 되고 있기 때문이다. 우선 남북한 전력망 현황을 잠깐 비교해보면 2018년 기준 북한의 총발전량은 총 249억kW로 남한의 5,706억kW에 비해 4.4% 수준에 불과하다. 전력 송전용량도 남한은 154kV서부터 최근에는 765kV의 초고전압 송전로가 설치되는 반면, 북한의 송전전압은 60kV, 100kV, 220kV이다. 따라서 남북 송전망 연계 시에는 전압조정을 위한 변압기가 별도로 필요하다.

북한의 송전 전력계통은 평양에서 신의주로 이어지는 서쪽계통, 동해안을 따라 구성된 220kV선로의 동쪽계통으로 나뉜다. 강원도와 휴전선 부근 황해도는 열악해서 대부분 66kV 계통으로 구성되어 있고 배전전압은 6~20kV(고압)와 110~380V(저압)이다. 중국의 정격주파수가 50Hz인데 비해 다행히 남한과 북한은 동일한 60Hz여서 호환에 문제가 없지만 북한에는 변전소·변압기 등의 수가 현저히 적어 주파수가 일정하지 않아 전력수요 증대시 주파수 변동폭과 전압변동률이 증가해 안정적인 전력공급에 지장이 초래될 가능성 크다.

북한의 전력망 구축에 소요되는 기간은 얼마나 될까? 북한의 송전, 변전, 국가전력망 구축에는 약 10년, 한·중·러·일·몽을 연계하는 동아시아 슈퍼그리드 전력망 구축까지는 최소 15년에서 20년이 소요될 것으로 전망하고 있다.

그러면 남북중 국제고속철도를 위한 전력 공급 방식은 어떻게 하는 것이 좋을까? 한국전력공사는 기술적으로 개성공단 내 평화변전소에서 약 200㎞ 거리까지 200만VA를 직접 송전하는 것은 가능할 것으로 보고 있다. 참고로 개성공단에서 평양까지의 직선거리가 약 143㎞이므로 개략적으로 개성에서 평양까지는 남한에서 직접 송전하고 평양에서 신의주까지는 중국이 전력을 공급하든지 아니면 평양과 신의주 사이에 발전소를 신설할 수도 있겠으나 발전소 건설보다는 직접 송전이 현실적인 것으로 보고 있다.

철도용 전압은 북한은 DC3,000V, 남한과 중국이 AC25kV 방식으로 다르지만 남북중 국제고속철도는 국제적인 추세에 따라 AC25kV 방식으로 통일시키면 전력 공급에 문제가 없을 것이다. 다만 남북한(60Hz)과 중국(50Hz)의 주파수 차이를 극복하기 위한 변환기가 필요하겠지만 이 정도는 현재의 기술력으로는 큰 문제가 되지 않는다.

2018년 통일을 대비한 전기산업 대북 진출전략 및 협력방안과 관련한 전기전문가들 설문조사 결과를 소개하면, 먼저 철도, 도로 등 기반산업의 맞춤형 전력설비 공급 방식이 필요하며 이때 북한 SOC(철도, 도로)에 필요한 전력설비 납품을 위한 국내 관련업체 간 동반진출(컨소시엄도 가능)을 희망한다는 답변이 많았다. 신설 전력 인프라 설비를 위해 변압기, GIS, 전선, 조상설비(콘덴서) 등의 보급이 필요하기에 남북중 국제고속철도를 위한 약 400km 송전망 건설에 4,000억 원 이상이 소요될 것으로 예상되고 있다.

결론적으로 남북중 국제고속철도를 위한 전력공급에 기술적인 문제는 없다! 의지와 자금만 있으면 된다. 이제는 더 이상 "안 된다!"라는 말을 하는 대신 "어떻게 하면 가능하게 할 수 있을까?"라는 긍정 마인드를 가져야 한다.

뭘 준비해야 하죠?

2018년 4월 27일 남북정상회담 당시 양 정상이 남북 간에 고속철도를 연결하는 것이 좋을 것이라고 분명히 천명한 지 3년이 지나가건만 지금까지 실질적인 진전은 거의 이뤄지지 못했다. 대부분의 사람들이 UN의 대북제재 때문에 할 수 있는 것이 아무것도 없다고 손사래를 쳤다. 또는 어떤 이들은 끊임없이 '북한 고속철도 건설 시기상조론'을 주장, 담당부처에서 거들떠 볼 생각을 못하게 했다. 다행히 양기대 의원을 비롯한 여러 사람들이 지난 4년 동안 끊임없이 남북중 국제고속철도의 필요성을 제기한 덕분에 최근에는 여론이 많이 돌아선 것으로 보인다.

UN의 대북제재 때문에 아무것도 할 수 없다는 얘기는 너무 수동적인 핑계일 뿐이다. UN제재로 북한 지역 내부에서 당장 어떤 일은 할 수 없더라도 중국이 UN제재와 상관없는 자국 내 단동과 훈춘까지 고속철도를 깔아놓고 준비를 하고 있는 것처럼 우리도 서울역에서 도라산역까지 고속철도를 건설해놓고 북한에 대한 UN제재가 풀릴 날을 기다릴 수 있다. 사실 서울역에서 도라산역까지는 약 45km로 이곳을 연결하는 고속철도는 없다. 우리나라에서 45km의 고속철도를 건설하는 경우 준비부터 완공까지 상당한 기간이 소요된다. 그러니 UN제재가 풀린 다음 서울역~도라산역 구간을 건설하려 들면 가뜩이나 늦어지고 있는 남북중 국제고속철도 개통을 더욱 늦추는 요인으로 작용할 것이 분명하다. 실제적으로는 KTX광명역부터 서울역까지는 고속철도 전용선이 아니므로 엄밀히 말하면 KTX광명역부터 도라산역까지 약 73km에 아직 고속철도가 없다고 하는 것이 정확한 표현이다. (물론 현재 KTX광명역부터 수색역까지 고속철도를 건설하기 위한 예비타당성 검토를 하고 있으나 정상적인 과정으로 추진하려면 앞으로 10년은 걸릴 것으로 보인다.) 그렇다면 서울에서 베이징까지의 고속철도 경쟁력을 높이기 위해서는 KTX광명역부터 도라산역까지 가는 것이 좋을까? 아니면 서울역부터 도라산역까지 가는 것이 좋을까? 이것은 아주 중요한 실제적 문제인데 이런 국내 내부의 노선 계획조차도 전혀 검토되고 있지 않다. 만일 대북제재가 풀리고 남북관계가 개선될 때 이런 모든 일을 준비하려면 엄청 혼란스러울 것이다. 나는 그래서 차라리 UN제재 때문에 북한 내부에서 직접 사업을 못 하는 지금이야말로 남북중 국제고속철도 사업 준비를 잘해보라고 하늘이 우리 민족에게 주신 절호의 기회라고 생각한다.

우리가 UN제재 하에서라도 할 수 있는 것들은 무엇이 있을까? 아이템별로 간단히 소개하면 다음과 같다.

○ 남한 구간(KTX광명역~도라산역)의 최적 노선 선정 및 건설(아무리 서둘러도 4~5년은 걸리는 사업이므로 지금 시작해야 한다.)

○ 북한의 개성역부터 신의주역까지의 노선 선정 및 기본, 실시설계(북한 기술자들과 논의하며 준비하는 것은 UN제재 대상이 아니다.)

○ 남북고속철도 건설에 필요한 기술시방서 준비

○ 남북중 국제고속철도 건설과 운영을 위한 수요예측 및 투자방안 마련

○ 남북중 국제고속철도 운행 시 국경지역 및 접속구간에 대한 인프라 호환성과 효

율적인 운영을 위한 규격 및 제도 등의 수립: TSI(국가 간 상호운행을 위한 기술시방서) 작성 및 확정

o ERTMS(유럽철도교통관리시스템)에 맞춘 남북중 국제고속철도 설계

o 북한의 고속철도 관련 인력 양성(기관사, 관제사, 운영기관 등)

o 남한의 국제고속철도 관련 인력 양성(현재 OSJD의 공용어는 중국어, 러시아어임)

o 남북중의 철도용어 통일

o OSJD 산하 SMPS(국제여객운송협정), SMGS(국제화물운송협정) 등에 가입

o 장기적으로 남북중뿐만 아니라 유럽으로 철도를 운행하기 위해서는 열차상호 운행을 위해 규격을 표준화시키고, 표준화된 기준을 바탕으로 철도용품의 성능인증 체계 등을 구축

o 남북중 국제고속철도 통합·호환 운영을 위한 철도통합 관리·운영체계 및 철도 기준체계 호환성 기술 도출(유럽의 경우 InteGRail(IN TElligent inteGration of RAILway systems) 프로젝트(2005년~2009년)를 통해 서로 상이한 철도 정보 시스템돌 사이의 상호 운용성을 제공하기 위한 표준 플랫폼을 개발함. 열차-열차 간, 열차-인프라 간 정보를 공유하고 철도 정보의 통합 관리를 통해 철도 운영을 효율화함)

위에서 열거한 것들의 준비가 잘 된다면 실제적으로 북한에 고속철도를 건설하는 것은 생각보다 짧게 걸릴 수 있다. 개성~신의주 약 380km 구간을 기존에 우리나라가 해왔던 것처럼 건설하면 긴 세월이 걸리겠지만 중국처럼 건설하면 단 3년 만에도 끝낼 수 있다. 중국은 시안(西安)~장요(江油) 구간 510.5km를 2012년 10월 27일 착공해서 2017년 1월 개통했다. 결과적으로 510km가 넘는 고속철도 구간을 약 4년 2개월 만에 개통한 것이다. 게다가 개성~신의주 구간은 평탄 지형으로 대동강, 청

천강 등 몇 개의 교량만 제외하면 거의 평지의 토공 구간이 많아 시공의 어려움은 크게 없어 건설 기간이 단축될 수 있다. 우리나라 철도기술자들과 남북고속철도 건설 기간 얘기를 해보면 10년은 걸릴 것이라고 얘기한다. 문제는 의지다. 남북 정상의 결연한 의지만 있으면 얼마든지 공기를 단축시킬 수 있다. 경부고속도로 건설 당시 공기를 단축시키기 위해 군인들을 동원해서 건설해냈던 것처럼 북한도 군인들을 동원할 수 있다. 중국이 단기간에 무서운 속도로 고속철도망을 확충하고 있는 배경이 있다. 그것은 중국 철도회사의 모태가 군인들로 구성된 건설단이었기에 지금도 군대식의 엄격한 명령체계가 중국 철도회사의 전통으로 자리 잡고 있기 때문이다. 우리도 반드시 남북중 국제고속철도라는 평화의 철도를 하루빨리 앞당겨 실현시켜야한다.

상상해보시라! 앞에서 제안한 것처럼 넉넉잡고 향후 10년 안에 서울에서 고속열차를 타고 베이징까지 직통으로 5시간 안에 도착한다면 어떤 일이 벌어지겠는가? 그것은 우리나라 국민들은 물론 북한과 중국 국민들에게 혁명적인 사건이 될 것이다. 결코 이뤄질 수 없는 꿈이 아니다. 우리 국민들 모두 이 꿈이 망상이 아니라 의지만 있으면 얼마든지 실현 가능하다는 사실을 기억해야 한다.

꿈은 반드시 이뤄진다!

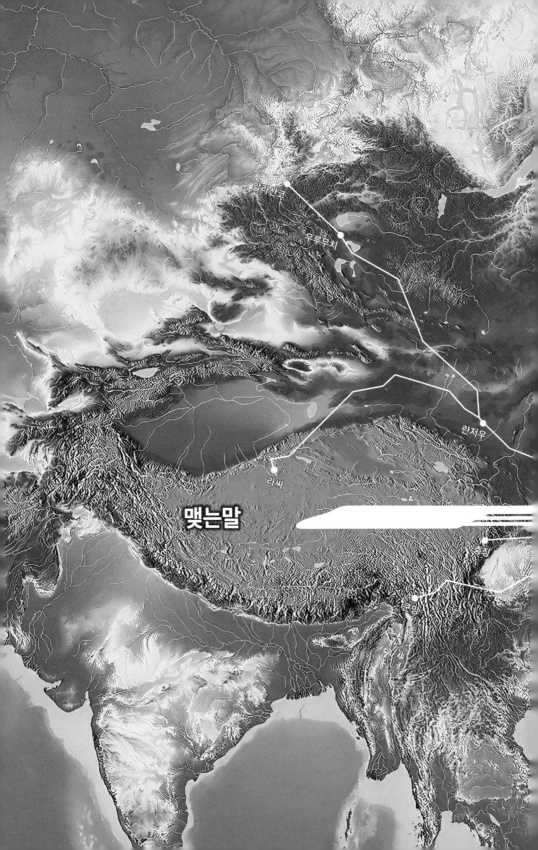

맺는말

제5장
맺는말

아직 미싱링크로 남아있는 북한에 고속철도가 연결되는 순간 동아시아에서는 세계에서 유래를 찾아보기 힘든 초국경 고속철도경제권이 형성될 수 있고 이는 바로 세계 최대의 메갈로폴리스(거대연담도시) 지역으로 도약할 것이다. 짐 로저스 씨가 누차 강조한 대로 남북한은 세계에서 가장 뜨거운 유망 투자처가 될 수 있다. 남북한 모두 이런 가능성 앞에 서 있다.

사실 남한은 심각한 인구절벽이라는 커다란 사회 문제에 직면하고 있다. 불과 10년 후에 65세 이상 인구가 30%에 육박, 생산가능 인력 1.85명이 노약자 한 명을 부양해야 하는 전대미문의 상황에 처하게 된다. 일본을 향해서는 "소망이 없다"는 등 거친 평가를 쏟아내는 짐 로저스 씨가 한반도에 대해서는 유독 희망찬 미래를 언급하고 있는 이유는 무엇일까? 딱 한 가지 이유 때문이다. 남북한이 경제적 통일을 이룰 때, 남북은 단숨에 인구절벽 문제를 해결하며 향후 30년 이상 비약적으로 발전할 것으로 예측하기 때문이다. 그런 경제적 통일을 달성시켜줄 수 있는 가장 좋은 지렛대가 다름 아닌 남북중 국제고속철도다. 하지만 안타깝게도 많은 국민들은 정확한 정보 없이 일부 사람들의 호도에 의해 남북중 국제고속철도사업을 무조건적인 대북 퍼주기 사업으로 오해하고 있다. 그러나 남북중 국제고속철도사업은 그 자체로도 수익성 있는 사업이며 한반도와 주변 국가들이 '윈윈(Win-Win)'할 수 있는 수지맞는 비즈니스다.

이제는 UN제재 하에서도 할 수 있는 유럽의 TSI(국가 간 상호운행을 위한 기술시방서), ERTMS(유럽철도교통관리시스템)와 같이 국가 간 철도상호운영을 가능토록 하기 위해 북한, 중국 등 당사국들과 협의를 시작해야 한다. 이를 위해서 OSJD(국제철도협력기구)를 최대한 우산으로 삼고 시행착오를 최소화하기 위해 '한중 직통화물운송열차'같은 실질적인 국경 통과 열차운행을 시범적으로 시작해야 한다. 이는 SMPS(국제여객운송협정), SMGS(국제화물운송협정) 가입의 구실도 될 수 있고 국제고속철도 실제 운영 훈련의 장이 될 수 있다.

일찍이 안중근 의사가 주창하셨던 동양평화론을 이제 다시 이어받아야 한다. 우리가 진정으로 동아시아 철도·경제·에너지 공동체의 꿈을 갖고 있다면 당장 주변국들과 대화를 시작해야 한다. 이 과정에서 성과의 열매를 우리만 독점하려 해서는 안 된다. 우리뿐 아니라 북한과 중국 등 참여 국가들 모두가 공유할 수 있는 공평한 협력·경쟁체계를 구축해야 한다. 북한뿐 아니라 중국과의 협력도 아주 중요하다. 지리적으로 남북중 국제고속철도 성사의 칼자루는 북한과 중국이 쥐고 있다고 해도 과언이 아니기 때문이다. 더 나아가 미국, 러시아, 일본과도 이 주제를 놓고 끊임없이 소통해야 한다.

이제는 우리 모두 긍정의 마인드를 가져야 한다. 안 되는 100가지 이유를 놓고 떠드는 것보다 지금 당장 되는 한 가지를 붙들고 차근차근 뚫어나가야 한다. 모두가 불가능하다고 했지만 소떼를 몰고 북한을 방문한 고 정주영 회장의 "임자! 해보기는 해봤어?"라는 도전정신을 상기시키며 이 책을 마무리하고자 한다.

만물에는 때가 있다. 씨를 뿌려야 할 때 씨를 뿌리고, 열매를 거둬야 할 때 열매를 거둬야 한다. 남북중 국제고속철도 사업을 정치적인 이유로 차일피일 미루다 때를 놓친다면 그것은 우리 민족에게 천추의 한으로 남을 것이다. 한반도에 극단적인 상황이 벌어져서 남북이 함께 공멸하기보다 남북중 국제고속철도를 지렛대로 삼아 남과 북, 중·러·미·일·몽골이 동아시아 철도·경제·에너지 공동체를 형성해 EU처럼 평화와 번영의 동아시아를 만들어 갈 수 있기를 간절히 기원한다.

제2장

서종원. 유라시아 대륙철도 연계와 광명역의 위상 및 역할, 광명시 세미나자료집, 2016.11.22

박성호 외 6인, 푸틴과 러시아 극동개발 20년: 한·러 극동 협력 심화를 위한 신방향 모색, KIEP, 2019.12

ADB, UNLOCKING THE POTENTIAL OF RAILWAYS A Railway Strategy for CAREC, 2017-2030, 2017

박성준, Eurasia Initiative & Northern Logistics Policy of South Korea, 한국교통대 유라시아물류세미나 자료집, 2016.12.16

일본 국토교통성, H30年度シベリア鉄道による貨物輸送パイロット事業結果報告, 2019.3

일본 국토교통성, 令和元(2019)年度シベリア鉄道による貨物輸送パイロット事業報告, 2020.3

김현창, 2019년 코레일 상반기 교육자료집: 국제여객운송협정(SMPS), 2019

일제 강점기 도쿄~파리 루트: 사이타마 일본철도박물관 전시 지도

ICAN, Enough is Enough: Global Nuclear Weapons Spending 2019, 2020

진장원, 남북한 인프라건설 의미와 추진전략 및 광명시 대응방향, 광명시 공무원특강, 2017.5.29

https://image.baidu.com/search/(要想致富先修路 포스터)

http://www.storm.mg/article/263255

https://ec.europa.eu/transport/themes/infrastructure/ten-t_en

https://ko.wikipedia.org/wiki/%EA%B3%A0%EC%86%8D%EC%B2%A0%EB%8F%84(유럽의 고속철도망)

https://ko.wikipedia.org/wiki/%EB%8C%80%ED%95%9C%EB%AF%BC%EA%B5%AD%E

C%9D%98_%EC%B2%A0%EB%8F%84#/media/%ED%8C%8C%EC%9D%BC:Jangdan_
Steam_Locomotive.JPG(철마는 달리고 싶다)

https://en.wikipedia.org/wiki/List_of_high-speed_railway_lines

https://www.mardep.gov.hk/en//publication/pdf/portstat_2_y_b5.pdf"(Ranking of Container
Ports of the World", 2019)

제3장

Yuesen Wang, HIGH-SPEED RAILWAY DEVELOPMENT AND IMPACT ON DOMESTIC
LOGISTICS IN CHINA, 극동교통대학교 국제학술대회, 2014.11

이현아, 이솔민, 박정수, 중국철도의 분석을 통한 한국철도의 발전방향 연구, 2015년 한국철도학회
춘계학술대회 논문집, 2015

https://www.travelchinaguide.com/cityguides/beijing/tianjin.htm(베이징~텐진 구간)

https://en.wikipedia.org/wiki/Beijing%E2%80%93Tianjin_intercity_railway(징진CRH)

https://namu.wiki/w/%EC%9B%90%EC%A0%80%EC%9A%B0%20%EA%B3%A0
%EC%86%8D%EC%97%B4%EC%B0%A8%20%EC%B6%94%EB%9D%BD%20
%EC%82%AC%EA%B3%A0(7·23 사고)

https://www.meipian.cn/1w23vw7k

https://cmobile.g-enews.com/view.php?ud=201401061210430082441_1&ssk=search&
md=20150227010653_R(2014.1.6)

https://www.donga.com/news/Inter/article/all/20200818/102536273/1(중철 사장 자살)

http://www.visitbeijing.or.kr/article.php?number=9697(베이징 우루무치 고속철도, 베이징관광국
한글공식사이트)

https://www.lifein.news/news/articleView.html?idxno=11660

https://baike.baidu.com/item/%E4%B8%B9%E4%B8%9C/36480?fr=aladdin#5(단동 인구)

제4장

Shengchuan Zhao, Freight transportation and road development in China, 유라시아교통포럼 세미나발표자료, 2010.10

인천국제공항공사, 인천공항 항공통계 분석보고서, 2018. 5

유라시아 고속철도 네트워크 구축을 위한 기초조사 연구, 국토교통부, 한국교통연구원, 2016

전홍택, 박명호 편, '동아시아 통합전략: 성장-안정-연대의 공동체 구축, 한국개발연구원(KDI), 2010

진장원, 남한~북한 고속철도건설 대안 검토와 추진 방안, 유라시아평화철도포럼 창립기념세미나 "남북한·중국 국제고속철도 어떻게 준비할 것인가?" 자료집, 2018.5.28

진장원, 남북중 국제고속철도에 관한 오해와 진실, 한일해저터널과 남북고속철도 토론회 자료집, 여의도 이룸센터, 2021.3.8

양기대, 동북아 고속철도경제권 구상과 효율적 추진전략, 유라시아평화철도포럼 창립기념세미나 "남북한·중국 국제고속철도 어떻게 준비할 것인가?" 자료집, 2018.5.28

윤희로, 한반도 종단철도 연결사업 실행방안 정책토론회 자료집, 2017.3

이성규, 유라시아 에너지 네트워크 구축 구상, 월간 국토, 국토연구원, 35~41, 2014.5

황기연, 한국교통대 특강자료, 2010

진장원, 한반도종단고속철도 건설과 남북철도 협력 증진을 위한 창의적 접근, 남북고속철도 토론회 자료집, 여의도 이룸센터, 2020.8.6

광명시, KTX광명역 유라시아대륙철도 출발역 타당성 연구, 2017

와다 하루키 지음, 이원덕 옮김, '동북아시아 공동의 집', 일조각, 2004

https://www.163.com/dy/article/E3PMINVQ0515DFUD.html

https://www.hankookilbo.com/News/Read/201802121555442146(한국일보 인터넷 기사, 2018.2.9)

http://global.chinadaily.com.cn/a/202012/24/WS5fe3ee9ba31024ad0ba9dfb1.html(중국 고속화물열차)

https://it.wikipedia.org/wiki/Mercitalia_Rail#/media/File:ETR_500_MIR.jpg(이탈리아 고속화물열차)

https://www.railway-technology.com/features/mercitalia-fast-service/

Mercitalia Fast: the world's first high-speed rail freight service

15 January 2019 (Last Updated January 28th, 2020 12:14)(이탈리아 고속화물열차)

https://www.hankookilbo.com/News/Read/201802121555442146(한국일보 2018.2.9)

https://namu.wiki/w/%EA%B0%9C%EC%84%B1%EA%B3%B5%EB%8B%A8(개성공단)

https://news.naver.com/main/read.nhn?mode=LSD&mid=sec&sid1=100&oid=119&aid=00021
20206(데일리안 2016.2.15 개성공단 유입금, WMD 전용됐어도 안 됐어도 문제)

http://www.hani.co.kr/arti/politics/polibar/730405.html(한겨레 2016.2.15)

https://namu.wiki/w/%EB%B6%81%ED%95%9C%EC%9D%98%20%ED%95%B5%EA%
B0%9C%EB%B0%9C(북한의 핵개발)

https://blog.ucsusa.org/elliott-negin/how-much-cost-to-create-nuclear-weapon

ELLIOTT NEGIN, SENIOR WRITER, How Much Does it Cost to Create a Single Nuclear
Weapon?, 2013.11

https://www.icanw.org/report_73_billion_nuclear_weapons_spending_2020

ICAN, Enough is Enough: Global Nuclear Weapons Spending 2019, 2020

http://www.mediatoday.co.kr(미디어오늘 2020.12.17, 인중근 의사 관련 어록)

https://www.yna.co.kr/view/MYH20181226004900038(연합뉴스 2018.12.26. 10시 뉴스)

https://www.schengenvisainfo.com/schengen-agreement/(솅겐조약 조인식 사진)

https://www.era.europa.eu/(ERA 홈페이지)

https://www.ertms.net/(ERTMS 홈페이지)